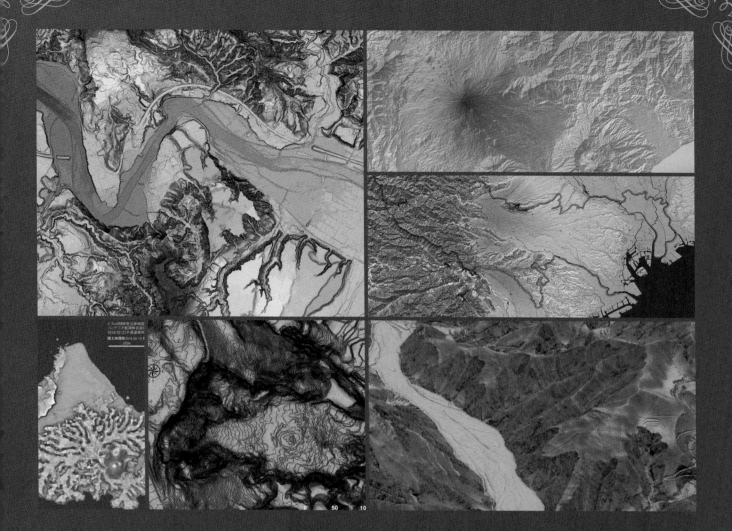

月刊『測量』別冊

地形表現
と
その周辺

まえがき

　世に名曲と讃美されるものの中には、"原曲" とともに優れた "編曲" から構成されていることが多いようです。"原曲" の持つ新鮮な主旋律はそのままに、それ以外の部分に手が加えられ、私たちにより一層の情感を醸し出しているようです。

　私たちは測量することによって取得できた三次元データから地形図や鳥瞰図などを作成し、日々様々な業務等に活用しています。その源である三次元データは、極めて精確なデータであり、オリジナルなデータでもあります。それによって作成される地形図や鳥瞰図から詳細な地形を垣間見ることができます。

　しかし、精確な地形であることは事実ですが、注視すべき箇所やゾーン、さらには地形的な特性などを一見しただけで分かるような視認性の高い地形表現やそのための手法が求められます。それは、まさに "原曲" と "編曲" の関係と同じです。精細な三次元データのオリジナル性を損なうことなく、視認性の高い地形表現を施すことによって、私たちは有益な情報を判読したり識別したりすることができます。

　本書は、月刊『測量』の平成26（2014）年1月号から平成28（2016）年12月号まで連載した「地形表現とその周辺」を書籍としてまとめたものです。

　"原曲" に相当する精細な三次元データの持つ特性を損なうことなく、一見して地形的な特性が容易に把握できる様々な地形表現手法が集約されています。
加えて、視認性の高い地形表現だけを追究することなく、その利活用方法まで言及している点も本書の大きな特色です。

　測量技術者のみならず、広く測量・地理空間情報分野に携わっている方々にお読みいただきたいと切に願っております。

平成 29（2017）年 12 月吉日
月刊『測量』発行人　瀬戸島政博
（公益社団法人 日本測量協会 専務理事）

地形表現とその周辺

目　次

さまざまな事例を含めて（プロローグ）	朝日航洋（株）	中野　一也	2014年3月掲載	1
赤色立体地図とその応用	アジア航測（株）	千葉　達朗	2014年4月掲載	3
ELSAMAP（カラー標高傾斜図）	国際航業（株）	向山　栄	2014年5月掲載	5
ウェーブレット変換による微地形抽出	（株）パスコ	朝比奈利廣	2014年6月掲載	7
地形起伏図とその適応事例	中日本航空（株）	千田　良道	2014年7月掲載	9
基盤地図情報（数値標高モデル）を利用した地形表現	（株）中央ジオマチックス	安江　茂隆	2014年8月掲載	11
陰陽図による地形表現	朝日航洋（株）	秋山　幸秀	2014年9月掲載	13
3D-GIV 3次元の地形変化を捉える	国際航業（株）	本間　信一	2014年10月掲載	15
日本列島陰影段彩余色立体図	国土地理院	企画部	2014年11月掲載	17
多重光源を用いた陰影段彩図	（株）東京地図研究社	石川　剛 鈴木　敬子	2014年12月掲載	19
地形表現と3Dプリンター	北海道地図（株）	高橋　宏樹	2015年1月掲載	21
Digital Elevation Modelから判読できる地形・地質情報	（有）地球情報・技術研究所	井上　誠	2015年2月掲載	23
地図化領域の拡大に向けて ～水中写真地図作成～	朝日航洋（株）	鈴木　英夫	2015年3月掲載	25
360°映像とレーザー点群を用いた高精度3D CADの作成手法と展開について	（株）U's Factory	上嶋　泰史	2015年4月掲載	27
海底地形の立体表現	（一財）日本水路協会	八島　邦夫	2015年5月掲載	29
3Dプリンタによる触地図作成の試み	国土地理院	中川　俊	2015年6月掲載	31
河床地形の可視化表現	（株）パスコ	朝比奈利廣	2015年7月掲載	33
上空から海底までを表現する	国際航業（株）	本間　信一	2015年8月掲載	35
地形凸凹を紙以外の媒体に表現した例	アジア航測（株）	荒井　健一	2015年9月掲載	37
地形可視化表現と砂防・治山分野への活用	朝日航洋（株）	小林　浩	2015年10月掲載	39
点群処理による屋内空間表現	芝浦工業大学	中川　雅史	2015年11月掲載	41
高精細な航空レーザの陰陽図表現と山城縄張調査への活用	日本測量協会 朝日航洋（株） 国際航業（株）	瀬戸島政博 秋山　幸秀 本田　謙一	2015年12月掲載	43
軍艦島―近代化産業遺産の可視化表現	（株）計測リサーチコンサルタント	西村　正三	2016年1月掲載	45
近代造園構造物の計測への活用	東京農業大学	粟野　隆	2016年2月掲載	47
地中を覗く―遺跡の物理探査	奈良文化財研究所	金田　明大	2016年3月掲載	49
地貌図で見る北海道の地形	（株）シン技術コンサル	齋藤　健一	2016年4月掲載	51
3次元計測データのための正しい奥行き感を持った透視可視化	立命館大学	田中　覚	2016年5月掲載	53
3D点群データによる第二海堡の海底から地上までの地形表現	（株）パスコ	津口　雅彦 林　大貴	2016年6月掲載	55
空中写真に代わるレーザ林相図を用いた植生分布の可視化	アジア航測（株）	大野　勝正	2016年7月掲載	57
稜等高線図	朝日航洋（株）	西村　洋崇	2016年8月掲載	59
DEM（数値標高モデル）を利用した斜面地形分類～似た形の斜面を色分けする～	国土地理院	岩橋　純子	2016年9月掲載	61
航空レーザ測量を活用した「肥前名護屋城のCG作成―バーチャル名護屋城プロジェクト―」	佐賀県立名護屋城博物館	松尾　法博	2016年10月掲載	63
英彦山の聖域空間を捉えたレーザー実測調査	添田町役場	岩本　教之	2016年11月掲載	65
アナログな地形表現 ―つくばの科学館にあるジオラマ―	産業技術総合研究所	岩男　弘毅	2016年12月掲載	67

地形表現とその周辺 その1

さまざまな事例を含めて（プロローグ）

朝日航洋株式会社 システム開発研究センター
中野一也

1. はじめに

　安心で安全な社会の実現のため，あらゆる分野でさまざまな活動が取り組まれています。近年では竜巻や台風，豪雨などの自然災害が頻発し，日常の現況把握や防災対策，また災害後の迅速な被災把握の意義が増しています。それらに対して，衛星画像や空中写真から現地測量まで多様なデータがさまざまな規模で取得されて意思決定のために使用され，最終的な判断（たとえば，危険区域の設定や被害範囲・復旧のための判断）に用いられます。言い換えれば，「取得されたデータは人間の理解できる情報に整理されてこそ，意味を持つことになる」と言えます。
　この連載では，測量によるデータを人間の理解できる情報に昇華する表現方法について焦点を当てたいと思います。本稿は，連載のはじめとしていくつかの表現方法を取り上げて概要を示しますが，今後は表現方法の担当者から事例を含めた紹介を予定しています。

2. 表現方法

　等高線は標高を示す有効な表現方法ですが微小な起伏を表すことが難しく，地形の理解には読図の能力を必要とします。また，広く使用されている陰影図は，地形に照明を当てることで陰影を作り，窪地や斜面などの起伏の変化を強調するわかりやすい表現方法です。しかし，照明の方向を反対にすると凹凸の見え方が反転する課題を持ちます。それらの従来の表現方法の課題を解消し，より多くの地形の特徴を示し判読性を向上させるため，表-1に示すような表現方法が提案されています。

2.1 赤色立体地図

　赤色立体地図は，斜度と尾根谷度を合成して表現し，斜度が急になるほど赤く示し，尾根を明るく谷を暗くなるように明度を調整します。この尾根谷度は，横山らが提案[1]した地上開度と地下開度を用いて算出されます。人間の目の特性から，赤色が最も彩度の階調変化を把握

表-1　代表的な表現方法

表現方法	特徴
赤色立体地図	微地形を強調して表現し，人間の目の階調変化に着目した赤色を採用しています。
光輝陰影法	照明による寒暖や空気の清濁など感性を考慮した配色で尾根や谷筋，斜面などの起伏を表現します。
微地形強調図	ある地点からの上側または下側の空間の広がりと傾斜を指標として微地形を強調します。
陰陽図	地形の凹凸を陰と陽に分けて考え，寒色と暖色を使って表現することで微地形の立体感を強調します。
ELSAMAP	標高を色の違いで表現し，傾斜を明るさの変化で表現し，地形の把握を容易にします。

しやすいことから，傾斜の微妙な変化も表現できます。図-1の富士山の青木ヶ原樹海の赤色立体地図[2]は，火口や溶岩地形の把握が容易なことから現地調査に寄与しました。

2.2 光輝陰影法

　光輝陰影法[3]は，地形の起伏を感覚的に理解するために色相，明度および彩度を斜面方位および勾配毎に異なる値で彩色して表現しています。作成の考え方は，照明のあたる斜面に暖色系，照明のあたらない斜面に寒色系を配色します。標高の高い山岳は一般に勾配が大きいの

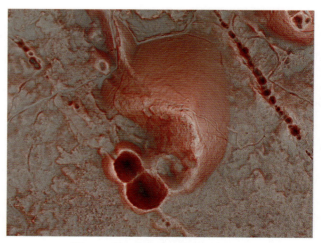

図-1　割れ目火口と火砕丘の地形

で，標高の代わりに勾配を代用して強調します。平野部は日照と日陰の斜面の接点になるので日照と日陰の両方に連続する色彩になります。図-2の等高線を重ねた光輝陰影図は，きれいな色合いで山の尾根や谷筋などの地形の細かな起伏が表現されています。

2.3 微地形強調図

微地形強調図は，地上開度および地下開度[1]と傾斜区分を使用して地形を擬似的に三次元表示します。微地形強調図の特徴は，これまでの陰影図と異なり，照明の方位による見え方の差がないため，微地形の判読に適しています。高さの微妙な違いは表現されないので等高線や標高段彩図などの表現方法との併用が有効になります。図-3のように平成20年岩手・宮城内陸地震の被害状況が微地形強調図によって明確に確認できます。

2.4 陰陽図

陰陽図は，波の概念を利用して地形の平均面に対する凹凸を陰値と陽値に分類して寒暖の配色によって立体感を強調します。表現する目的に応じて波の粗密を調整することで，微地形や規模の大きい地勢を表現できます。そのため，陰陽図では，微妙な地形の変化や連続的な谷の深さなどを表現できる特徴を持ちます。陰陽図の波の概念は，用途によって拡張できるため，波浪や斜面などの表現にも応用できます。図-4の衛星画像を重ねた陰陽図は，東京の起伏と街並みをわかりやすく表現しています。

2.5 ELSAMAP

ELSAMAP（Elevation and Slope Angle Map，技術名称は「カラー標高傾斜図」）は，色相に標高値，明度に傾斜量を割り当てて透過合成した地形情報図です。この方法は，傾斜と標高という2つの情報を同時に表現できることから，尾根と谷筋の反転や高さの位置関係について錯誤なく，地形の起伏を明快に捉えられます。表現したい地形に合わせて標高を表す色相の数やレンジを調整することでわかりやすい地形表現ができます。図-5のように段丘に応じた色相を割り当てたELSAMAPでは，高さの変化と地形の変化を強調して表現されています。

【参考文献】

1) 横山隆三，白沢道生，菊池祐(1999)：開度による地形特徴の表示，写真測量とリモートセンシングVol. 38, No.4, p. 26-34
2) 千葉達朗・小山真人(2002)：青木ヶ原樹海の地形が見えた，富士砂防事務所「ふじあざみ」38号，1-2
3) 小野邦彦：感性を考慮した地図表現 発行 公益社団法人日本測量協会

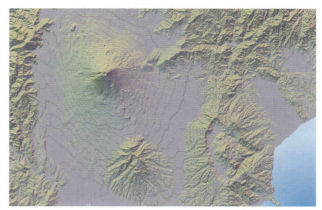

図-2 富士山周辺の光輝陰影付き等高線図

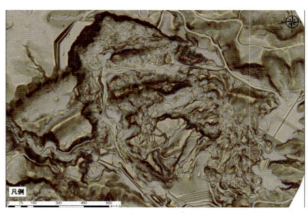

図-3 荒砥沢周辺の微地形強調図

図-4 衛星画像を重畳した陰陽図 Included©JAXA

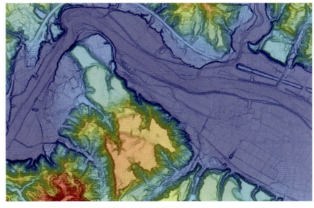

図-5 新潟県魚野川沿いのELSAMAP

地形表現とその周辺 その2

赤色立体地図とその応用

アジア航測株式会社 総合研究所
千葉達朗

ことはじめ

2002年の夏，青木ヶ原樹海の調査の直前，わたしは，レーザ計測部門から届いた，1m等高線図の束（1/5000で50枚以上）を前に，途方に暮れていた。数日間の判読作業の結果，樹海の地形は想像していた以上に複雑で凹凸に富んでいることがわかった。火口以外にも溶岩トンネルや溶岩皺のつくる窪地が無数にあり，1mDEMから作成した等高線は，伸びきったゴムバンドのように見えた。また，等高線のそれぞれに高度は付記されていなかった。これでは，凹凸すらわからない。新発見はもとより，現在地の確認もおぼつかないから，ちゃんと帰れるかどうかも怪しい。新技術を利用した成果へのプレッシャーと，遭難への恐怖にかられながら，追い込まれていた。

腹をくくって，自分の欲しいものは自分で作ることにした。レーザ計測部門から膨大なDEMデータを取り寄せ，等高線以外の地形表現を試みることにした。従来の陰影段彩図では複雑すぎてよくわからなかった。そこで，さまざまな地形フィルタ画像を片っ端から作成し，カラー合成を繰り返した。その総当たりの中から，最後に見つけ出された，最も不気味な画像が，のちの「赤色立体地図」であった。原理は，それほど難しいものではなく，まさにコロンブスの卵であった。陰影図のような方向依存性もなく，回転させても立体感は崩れないし，さまざまなスケールで見ても違和感は少なかった。これはいけそうだと，マニュアルを作り数名で分担して，3日間かけて50枚の赤色立体地図を作成した。現地調査では，樹海の中でも周囲を10mほど見通せれば，現在地を推定できるほどの精度があった。その結果，数カ月間の調査で非常に多くの新発見をし，成果を挙げることができた。

原理

赤色立体地図は，急斜面ほどより赤くなるように調整した斜度画像と，尾根谷度に比例したグレイスケール画像を乗算合成して作成する。尾根谷度は，地上開度から地下開度を引いて2で割って求める値で，尾根ほど明るく谷ほど暗くなるように調整した。最初はどうして立体的に見えるのか皆目見当がつかなかったが，さまざまなCG関係の文献を読み，実験的な検討を加え，だんだん理屈がわかってきた。地上開度はCGで使用する環境光に近いパラメータのようである。しかし，CGでは地下開度に相当するパラメータは使用していない。地下からマイナスの光を与えたと考えればよいということもわかった。斜度画像は，色さえあればどのような色でも立体感を生じるが，赤を用いた場合に，最も強い立体感を生じ，さらに微妙な傾斜変化を認識しやすいことがわかった。我々は，印刷して野外に持参し，夕暮れ迫る過酷な条件でも，立体的に捉えられ，現在位置を認識できる画像を欲している。そのため，最も強い立体感を生み出す赤色以外の選択はあり得なかった。気持ち悪いという意見もあったが，そこが重要なポイントだったのだ。

作成事例

それから12年，国内外の特許を取得するとともに，手法やプログラムを改良し，DEMの精度向上を図るとともに地形表現に美術的な付加価値さえ付けられるようになってきた。以下に，最近の応用事例について紹介したい。

1）西之島

2013年11月から，噴火を再開した小笠原の西之島について，国土地理院の2.5mDEMから作成した画像である。噴火を続ける火砕丘と北の溶岩湧出孔を取り囲むように溶岩流が枝分かれしながら延びている様子がよくわかる（図-1）。

2）月の赤色立体地図

2007年，日本の月周回衛星「かぐや（SELENE）」は，月を周回しながらレーザ高度計による測定を行い，JAXA・国立天文台によって，1/16度メッシュのDEMが公開されている。2013年，国土地理院とアジア航測では，赤色立体地図による地形表現を試みた。現在，国土地理院のwebページで閲覧できる。月の裏側のクレーターの重なりが見事に表現されている（図-2）。

3）コナベ古墳

古墳は立ち入り禁止であることが多く，古墳形状研究上の課題となっていた。2010年，橿原考古学研究所とアジア航測は，共同で精密レーザ計測を行った。0.5mDEMから作成した赤色立体地図で，古墳の美しい姿が浮びあがった（図-3）。

4）模型表面への印刷

地形模型表面に赤色立体地図を正確に印刷することで，模型の立体感と赤色立体地図の立体感の相乗効果をねらった。模型に手でふれて地形を観察したり，液体を流すことで，溶岩流や土石流のモデル実験をしたり，砂を積み上げて，元地形の復元検討もできる（図-4）。

5）石巻赤色立体地図

赤色立体地図に高度段彩を重ねると，平野部の微地形がわかりやすくなる。図-5は，2011年の東日本大震災で津波被害をうけた石巻の微地形である。

図-1　西之島の赤色立体地図
国土地理院による2014年2月16日計測の2.5mDEMから作成

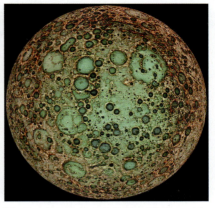

図-2　月の赤色立体地図　球面マッピング
国土地理院の地図表現の研究の一環として作成
元データは，JAXAかぐやの観測データを国立天文台が処理・解析
国土地理院のwebページで公開中

図-3　コナベ古墳のレーザ測量　オルソフォトと赤色立体地図
橿原考古学研究所とアジア航測の共同研究による成果。ヘリコプターによる50cmDEMより作成

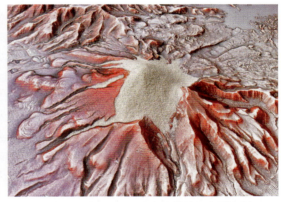

図-4　地形模型表面への赤色立体地図印刷事例
磐梯山のレーザ計測の活用
国土交通省阿賀川河川事務所所有
2013年火山砂防フォーラムで撮影

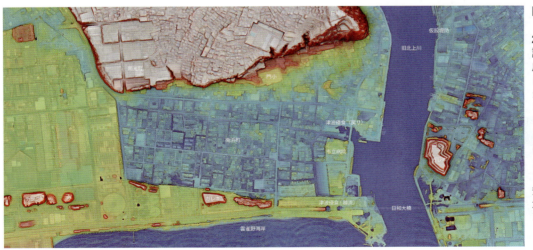

図-5　石巻の赤色立体地図
2012年8月のレーザ計測1mDEMから作成。海岸沿いの盛土は5mの高さがあったが，津波はそれを乗り越え，住宅密集地を襲った。木造住宅は流され，台地の裾に堆積し炎に包まれた。測量と地形表現で，住民が微地形を知ることができれば，地域の防災力を強めることができる。

地形表現とその周辺 その3

ELSAMAP（カラー標高傾斜図）

国際航業株式会社　技術サービス本部
向山　栄

　日常生活において，月刊『測量』の読者あるいは登山者を除くと，地図を眺めて地形に注目する人は多くはないようです。現代文明は，低平な平地部の都市に人口が集中し，いきおい日常生活圏の中では，土地の高低や傾斜に関する情報の量が相対的に少なくなっているのかもしれません。しかし地形は，土地利用の適性に基づいた効果的な開発計画，構造物の設計，環境保全や災害防止手段を考察するために不可欠の重要な工学的情報です。

　一般に地形の特徴を規定する要素は，1地点においてはその位置（空間的な3次元座標x，y，zで表される）および斜面の向き（走向）と傾斜度です。また，ある面積を持った領域においては，走向と傾斜の変化との組み合わせの3次元空間における連続性です。このような地形の特徴を認識する方法には，①仮想的立体を視覚的に再現する方法（余色立体アナグリフや空中写真などのステレオ立体視），②凹凸感の生成により擬似的に立体感を得る方法（地形量演算結果を用いた陰影起伏図や各種の凹凸表現）などがあります。

　しかし，地形判読には，必ずしも立体感は必要ではありません。3次元空間における，斜面の傾斜度の変化，斜面の走向，地点の高度，地点の平面的位置，多点間の距離・位置関係などが，複合的情報によって正しく認識できれば，基本情報としては十分です。そこで，③地形を表す個別の情報を複合し立体的情報を知る方法（従来の等高線図なども含む），に基づく手法として開発したのが，ELSAMAP（Elevation and Slope Angle Map，技術名称としては「カラー標高傾斜図」）です（特許第4771459号　発明者：佐々木寿・向山　栄ほか）。

　ELSAMAPは，数値標高データを用いて，色相に割り当てた標高値とグレースケールの明暗に割り当てた傾斜量を透過合成した地形情報図です（図-1）。この図は，任意地点における標高と斜面傾斜度という，どちらも基本的な局所地形量を同時に表示するものですが，色相と無彩色の明暗という，コントラストが強い表現要素を用いているため，それぞれの地形情報の意味を独立して認識できます。そのため，尾根・谷の反転や高度位置関係の錯誤無く，地形の起伏を把握することができます。また，表現したい地形に合わせて標高を示す色相の数やレンジを調整することができ，さらに等高線を重ね合わせることによって斜面走向の情報を加味すれば，より直感的でわかりやすい地形表現もできます。

　ELSAMAPは，小さな標高差や微小な段差が大きな意味を持つような地形や，10^1mオーダー以下の超微地形などの判読を容易にします。そのため，低地における微地形判読，活断層による変動地形や火山地形の抽出などに効果を発揮すると思います。特に，地形の標高情報を厳しく要求するような判定評価（洪水や津波などの災害危険度予測評価）には，ELSAMAPの表現が活用できるでしょう。今回は，2004年に発生した新潟県中越地震の震央に近い魚野川付近のELSAMAPをご紹介しましょう（図-3）。

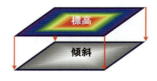

図-1　ELSAMAP作成の原理
数値標高データの標高（色相）とグリッド間の演算で求めた傾斜度（グレースケール明暗）とを透過合成し，表現したい地形が明瞭になるよう調整します。

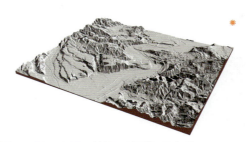

図-2　図-3と同じ範囲の陰影起伏鳥瞰図
北東側からの鳥瞰。光源は北西。V：H＝1.5：1

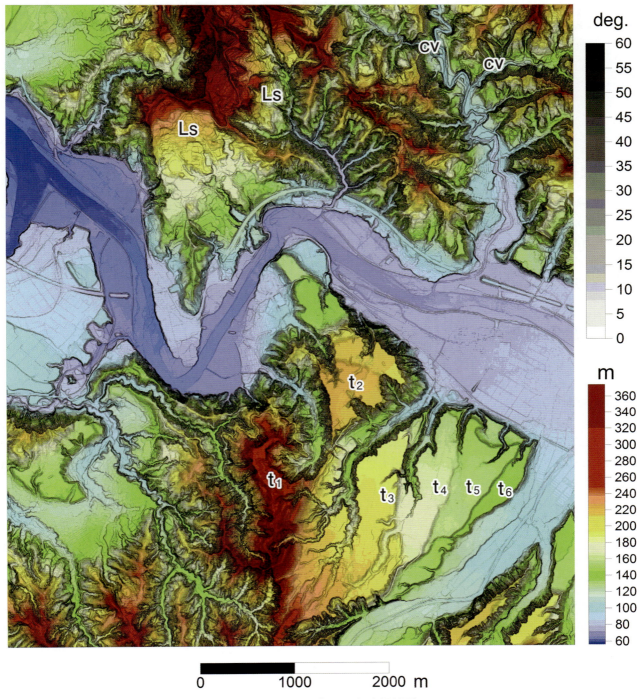

図-3 新潟県魚沼市・小千谷市境界の魚野川付近のELSAMAP（カラー標高傾斜図）
魚野川左岸部に見られる段丘面の高さの違い（t_1～t_6など），右岸部の地すべり地形の滑落崖と緩傾斜の地すべり移動土塊（たとえばLs），丘陵を開析する渓流沿いの傾斜変換線（急崖部との境界），CVなどが明瞭に把握できます。

【参考文献】
佐々木　寿・向山　栄（2007）：地形判読を支援するELSA-MAPの開発，先端測量技術，第93号，pp. 8-16

向山　栄・佐々木　寿（2007）：新しい地形情報図　ELSA-MAP，地図，第45巻，第1号，pp. 47-56

地形表現とその周辺 その4

ウェーブレット変換による微地形抽出

株式会社パスコ 技術統括本部
朝比奈 利廣

1．はじめに

Lidar計測データを扱うことによって今までにない細密なデータを扱うことができるようになっています。Lidar計測では，通常DSMデータと反射強度データが得られ，フィルタリング作業によって地表面であるDTMデータを得ます。本稿では，このDTMデータを使った地表面の一表現方法について紹介します。

2．微地形の表現

現在多くの場合，特殊な用途を除けばグリッドセルサイズ1mのデータが得られています。従って，数十センチ程度の微地形を得ることができ，数十センチオーダーで地形を議論することが可能となります。このような意味で微地形を扱うことを前提にすると，ある意味ではエッジディテクションに尽きることになりますが，画像判読も必要となりますので，見やすい，またはわかりやすい表現方法が求められます。本稿では，簡単に処理できるウェーブレット変換によるエッジディテクションについて紹介します。

3．ウェーブレット変換

ウェーブレット変換には多くの関数が知られていますが，ここではメキシカンハット（Mexican Hat）を用いた解析について紹介します。メキシカンハットという名前からもわかるようにメキシカンハットの形状をした関数（図-1）を連続的に計算し信号との適合性を調べる解析方法です。ウェーブレット係数（C）は，次のように表されます。

$$C(s,a,b) = \frac{1}{s}\int_{-\infty}^{\infty}\int_{-\infty}^{\infty} z(x,y)\,\psi\left(\frac{x-a}{s}, \frac{y-b}{s}\right)dxdy$$

$$\psi(x,y) = (2-x^2-y^2)e^{-\frac{1}{2}(x^2+y^2)}$$

ここに，$z(x,y)$：座標(x,y)の標高値
　　　　a, b：任意の座標(a, b)
　　　　s：スケール

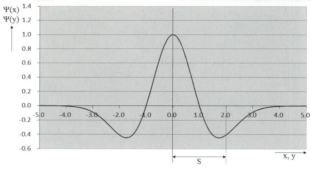

図-1　メキシカンハット

以下のサンプル事例では，x-y両方位に対して等質なメキシカンハット解析結果を示します。

4．Lidarデータ

サンプルエリアは新潟県南西部で2013年5月にALS60システムによりLidar計測されました。以下の記述ではこのデータから作られたグリッドセルサイズ1mラスタデータを基に議論します。当地域には新第三紀末から第四紀に堆積した地層が広く分布しています。これらの地層は強度も低く，変形しやすい地層で，斜面の変形が著しく進んでいます。

5．微地形と地形スケール

ウェーブレット変換したサンプル画像を次ページ図-2に示します。これらの図はスケール（s）5で変換されたもので，赤色が強いほどウェーブレット係数が大きく，青色が強いほどウェーブレット係数が小さくなっています。図には1m等高線とウェーブレット係数の10単位等値線を重ねて図示していますが，微地形抽出に大きな違いと特徴のあることがわかります。もっと微細なエッジ抽出にはスケール（s）を1とか2にして解析します。

ウェーブレット変換により得られるウェーブレット係数は，地表面の段差や凹凸とは線形関係にありますので，こ

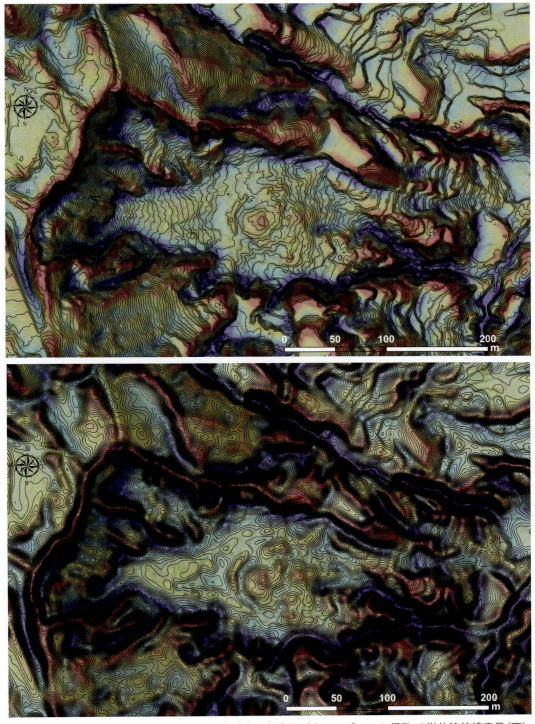

図-2　ウェーブレット変換画像と1m等高線表示（上）及びウェーブレット係数10単位等値線表示（下）

れを活用すれば地表面全体の凹凸の度合を定量的に評価することができ，防災上有用な情報を得ることができます。

【参考文献】

Addison, P.S. (2002) The Illustrated Wavelet Transform Handbook, IOP Publishing Ltd.（新誠一・中野和司監訳, 2005. 図説ウェーブレット変換ハンドブック 朝倉書店）

地形表現とその周辺 その5

地形起伏図とその適応事例

中日本航空株式会社　空間解析統括
千田良道

1. はじめに

　航空レーザ測量をはじめとするレーザ測量システムの普及により，災害発生時や国土管理に詳細な三次元座標データ（点群データ）が得られるようになりました。最近では，多視点写真マッチングによる高密度点群データの実用化も進み，ますます点群データを利用する機会が多くなっています。しかしながら，測量や土木管理業務を生業にする方々にとっては，この大量の３次元データをどのように扱うか苦心しているかと思います。ポリゴン化された３Ｄモデルや点群データを３次元ビューワで眺めることにあたって，等高線図や横断図などの定量的な表現手法との連携を考慮し，①三次元データを空中写真や地図と同様に画像化すること，②３次元情報を活かした表現方法，③点群データを直接可視化する方法，について私たちは検討を行っています。

2. 数値地形データの表現方法

2.1　平面画像（地形起伏図）

　数値地形データ（DEM）は等間隔の標高メッシュデータで，一般的に広く普及しています。地形起伏図は，DEMに含まれる尾根・谷などの比較的大きな凹凸と，クラックや澪筋などの比較的小さな凹凸（微地形）を判読し易く可視化するために開発した技術です。地形起伏図は，周辺の高低差を表すパラメータ（例えば，標高）を基本色とし，その中の細かな凹凸に応じた２次色（凹地形は寒色，凸地形は暖色）を加え，さらに斜面の勾配に応じた影をつけたものです（図-１）。色をつけることにより，地形を立体的に判断でき，広域的にも局所的にも地形の凹凸がわかるようになります。高さを強調することで，地震により被災した高速道路の緊急点検において，数cmレベルの亀裂や路面の不陸（凹凸）を可視化することもできました（図-２）。
　位置情報を持って画像化されているため，CADやGIS

図-１　地形起伏図画像の利用例（CADやGISの背景として）
２mDEMより作成

の背景画像として扱うことができ，数値データを直接扱うことなく，地形の形状を確認することができます。断面図を作成する時に参考にしたり，現地調査時のナビゲーションソフトの背景として利用されています。なお，地形起伏図は弊社のクラウドサービスを使用して誰でも簡単に作成することができます。（参考文献参照）

2.2　判読者向けの豊かな立体感

　数値地形データ（DEM）から色や陰影で立体感を出す立体画像は，紙面などの２次元表現において地形を概観できる点が優れています。しかし，地すべりなどを判読する際には画像から得られる高さ情報では不十分なことがあります。そのような場合は，地形起伏の色をつけたDEMを鳥瞰表示（図-３）するか，実体視観察する方法が考えられます。図-４はDEMをステレオペア画像化したもので，地震などによる被災状況を高度に判読するために用いられました。

2.3　点群データの直接的な可視化

　急崖や人工斜面，浮石などの複雑な形状は，地形がオーバーハング（地かぶり）していることが多く，上空からの正射投影で作成したDEMでは正しく表現できません。そこで，視点からの距離情報を用いて傾斜や凹凸を表現する補間陰影処理により，どの向きから見ても立体

感が得られる点群ビューワを開発しました。図-5に示した石垣壁面の地上レーザデータでは，石の組み合わせや表面形状を読み取ることができます。図-6は斜面防災上重要となる樹木下の露岩や施設周辺の下層モデルを可視化したものです。

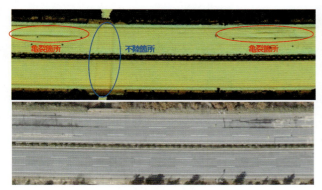

図-2　被災道路の地形起伏図とオルソフォト
ヘリコプターによる0.2mDEMより作成

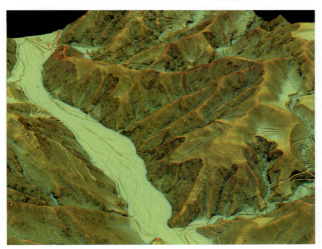

図-3　地形起伏図の3次元表示
航空機による1mDEMより作成

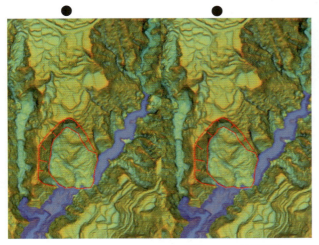

図-4　DEMのステレオペア画像による地形判読
2mDEMより作成

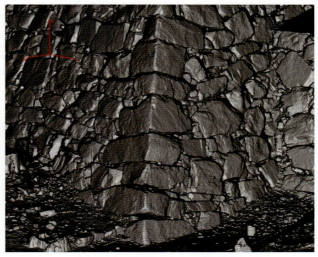

図-5　3次元点群データの補間陰影表示
地上レーザ測量による

図-6　斜面防災のための転石調査
ヘリコプターによる下層モデル（S-DEM）より作成（参考文献参照）。等高線は10m間隔

【参考文献】
千田良道・高野正範（2013）：転石・岩盤斜面調査を目的とした航空レーザ測量の課題改善，日本写真測量学会学術講演会発表論文集，pp.85-88
中日本航空(株)：数値地形データ～主題図作成サービス
https://nnk-cloud.jp/nnk_conv/user/Top.jsp

地形表現とその周辺 その6

基盤地図情報（数値標高モデル）を利用した地形表現

(株)中央ジオマチックス
安江 茂隆

はじめに

国土地理院の基盤地図情報（数値標高モデル）とフリーソフトを使えば簡単に地形情報を視覚化できるようになりました。ソフトにプリセットされた表現や、オンラインの地図サービスでも地形表現をオーバーレイすることが可能です。しかし、地形の様々な特徴を色情報として盛り込むにはアルゴリズムを開発し、標高データを処理することが必要です。本稿では、一般的な地形表現とは異なる、学術的・科学的要素を取り入れた地形表現の一例を紹介します。

光輝陰影法

地形の起伏を表現するには広く等高線図が用いられています。しかし、等高線地形図を読むのに熟達した人なら山や谷および斜面の形状などを読み取ることができますが、一般の人は一見しただけでは尾根、谷筋、斜面など感覚的にはわかりません。地形起伏を感覚的に理解するためには、等高線図の上に色彩や濃淡をつける表現方法があります。

光輝陰影法は、下記の条件を満足する色相（H）、明度（I）、および彩度（S）を斜面方位および勾配毎に与え、表現しています。

(1) 照明が当たる側の斜面（日照斜面）は、温かいイメージがあるので暖色系。
(2) 照明が当たらない側の斜面（日陰斜面）は、冷たいイメージがあるので寒色系。
(3) 標高の高い山岳は一般に勾配が大きいので、標高の代わりに勾配を代用。
(4) 標高の低い平野、丘陵は透明度が小さい。
(5) 日照斜面では勾配の大きいところほど明るく、日陰斜面では勾配の大きいところほど暗い。
(6) 平野部は、日照斜面と日陰斜面の両方に連続する色彩を選択。

曲面投影法

コンピュータを利用して地形景観を俯瞰する投影法は、従来、平行投影、中心投影（透視変換）およびパノラマ投影の3通りが用いられてきました。曲面投影法は一断面に着目すれば平行投影または中心投影であり、これに360°または180°の眺望角を持たせたものです。

古来、地図の機能と俯瞰景観の両者を満足させるため

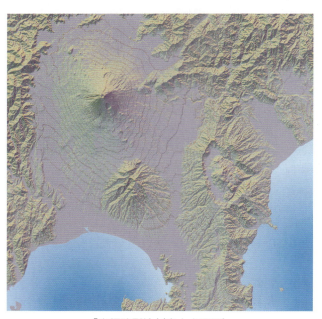

「光輝陰影法」（富士山周辺）

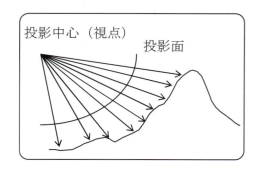

「曲面投影法」(東京湾上空から富士山を俯瞰。JERS-1画像を使用)

「地形情報カラー合成法」(富士山周辺)

に，世界中で絵地図が作られてきました。日本では，城下町などは平面図的に描き，遠くの山並みは斜投影で，ヨーロッパでは観光案内地図として遠くにアルプス山脈を眺望しつつ，手前に城郭都市を平面的に描く手法が取られてきました。これらの絵地図は投影法の数学的根拠が薄く，見た目にはわかりやすくかつ美しいのですが，コンピュータで再現するには至りませんでした。

曲面投影法においては，これら古来の絵地図の手法をコンピュータによって再現できるような投影法を新たに確立したものです。

曲面投影法には次のような特徴が挙げられます。
(1) 近くにある地形景観は，真下(俯角90°)あるいは大きな角度の俯角で見たような景観となります。通常近くには，平野，盆地，海岸など平坦な地形が選ばれます。
(2) 遠くにある地形景観は，水平(俯角0°)あるいは小さな角度の俯角で見たような景観となります。通常遠くには，起伏のある丘陵や山岳が選ばれます。
(3) 曲面投影法は，投影面を球面，楕円面，放物面にとり，視点は投影中心として平坦部上空に取ります。これにより，平行投影法と同じく断面(プロフィール)毎のデータ処理ができる処理簡便性と中心投影法の持つ迫真感を表現することができます。

地形情報カラー合成法

従来地形を視覚化する手法として，等高線表示，くんせん法(起伏陰影法)，ケバ図法，段彩図法などがありました。しかし，いずれも地形の標高，斜面勾配，斜面方位のいずれか一つあるいは二つの組み合わせ表示しかなされてきませんでした。このため，地形情報を詳細に視覚表現する手法として完全ではありません。

上記の問題点を解決するために，本手法では，数値標高データからコンピュータを用いて算出される地形標高，斜面勾配及び斜面方位の三要素を同時に使用します。これらの情報に，色の三原色を研究及び試行により見出した独特の方法で割り当て，カラー合成画像をコンピュータにより創作させ，地形の詳細な情報を提供することが目的です。

本手法は以下の効果を発揮します。
(1) 表現された色から，地形標高，斜面の傾斜と向きの情報が視覚的に理解でき，地形学的な特徴を表現できます。
(2) 地形の微細な形状が，他の方法に比べてより良く視覚的に色彩として理解できます。
(3) 美しい色の地形が得られ，人間の感性に訴える表現が可能です。
(4) 地形が地形学専門家だけでなく，地形学の知識がない者でも地形のイメージを知ることができます。

地形表現とその周辺 その7

陰陽図による地形表現

朝日航洋株式会社 東京空情支社技術センター
秋山幸秀

1. はじめに

　地形は，風化や侵食，運搬，堆積，火山活動や地殻変動などによって絶えず変化する。近頃では記録的な豪雨が頻発し，自然災害に関する専門用語である深層崩壊という言葉をニュースで耳にするようになった。地形の変化は，陸上だけに限定されることなく，2013年より活発な活動を続けている西之島のように，普段私たちが目にできない海底においても変化している。海底の地形もまた重要な空間情報であることから整備が進み，津波シミュレーションなどに活用されている。

　筆者は，航空レーザ測量と呼ばれる前の草創期からレーザスキャナによる地形計測に携わり，ヘリコプターから取得された高密度な点群データを対象として解析を実施してきた。この過程で高密度な点群データが持つ重要な情報を失うことなく表現することができないか試行錯誤を繰り返し，地形を波の概念で表現する陰陽図（いんようず）を開発するに至った。ここでは，陰陽図の原理と特性を富士山や海部を含む地形，さらには月面の地形を事例に紹介する。

2. 原理

　陰陽図は，地形の凹凸を陰値と陽値に分けて寒暖の配色を行うことで奥行きを情報化し，輪郭を強調する加工によって立体感を強調する三次元形状に関する表現手法である。ここでいう陰値と陽値は，周辺地形の平均値と対象地点との高低差を意味し，平均値より低い値を陰値，高い値を陽値とする。陰値には谷状の凹んだ部位を表現することを目的に寒色の青系統を割り当て，陽値には暖色の赤系統の色彩を割り当てることとした。これは人間が相対的に色の寒暖で物の遠近を感じることに基づいて配色した。また，高低の変化を表す輪郭は，輝度を用いて陰影を垂直光源として斜度と同様の意味合いを持たせることで，陰影図が苦手とする方位依存性を解決した。

この配色によって人が直感的に尾根や谷を認識し，地形判読に必要な特徴を容易に把握できるようになった。

3. 陰陽図による表現

　陰陽図は波の概念で地形を表現するため，空間周波数の抽出または減算を行うことに相当する。すなわち何を表現したいかによって取り扱う情報を適切に処理しなければならない。図-1に示した富士山の火口は，空間周波数の長短を使用するDEMデータの間隔の違いで表現したものである。短波長の表現では詳細な地形が表現され，図の右斜め上から火口部に続く登山道が明瞭に表現されている。いっぽう，長波長の表現では，地形のダイナミックな変化が表現され，尾根の大局的な位置関係がはっきりと把握できる。

　図-2は，陸域（国土地理院の基盤地図情報（数値標高モデル））と海域（日本海洋データセンターのJ-EGG500（500mメッシュ水深データ））およびNASAのSRTM30_Plusを合成したDEMから南海トラフ・伊豆小笠原海溝を表現した陸海シームレス陰陽図である。図-2では九州から四国や紀伊半島を経て埼玉・群馬へと延びる中央構造線が明瞭に捉えられるとともに海部の南海トラフや日本海溝・相模トラフなどが確認でき，日本が複数のプ

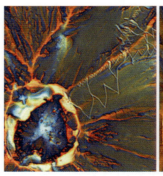 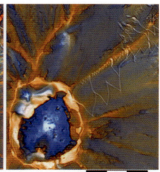

短波長の表現　　　　　長波長の表現

図-1　富士山の火口付近（1mDTM山梨県より提供）

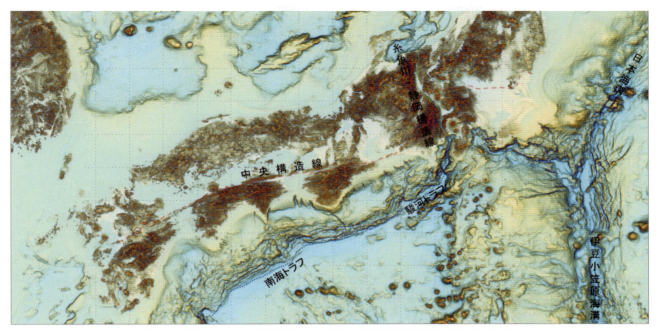

図-2　陸海シームレス陰陽図　by GSI; H25 情使第496号, JODC, NASA

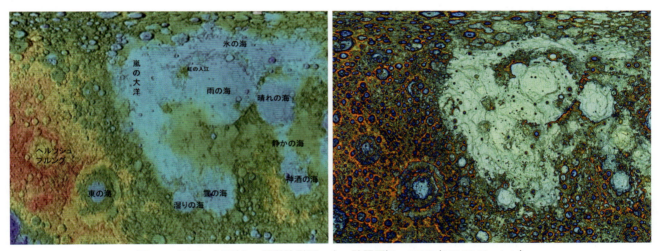

図-3　月面の表現（左：段彩陰影図，右：陰陽図）by JAXA（SELENEs data）

レート境界に立地していることが一目瞭然である。

図-3は，JAXAがSELENE（かぐや）で取得した月面の地形データから作成した段彩陰影図と陰陽図の比較である。陰陽図では標高の変化をとらえることはできないが，46億年続く隕石の衝突による累積したクレータ形状がより詳細に確認できる。

4．おわりに

陰陽図は，標高データを用いて地形の凹凸を強調する地形的特徴の直感的な把握を可能とする表現手法であるが，他のデータとの融合によってさらに表現の範囲を拡張することが可能である。今後は，定性的な情報から定量的な情報を得られるように，さらに研究・検証を進めていきたい。

地形表現とその周辺 その8

3D-GIV 3次元の地形変化を捉える

国際航業株式会社
本間信一

地形の変化を捉える

テレビや映画でもよく目にするアニメーションでは，人や動物，物などが動いている様子がわかります。このアニメーションは説明するまでもなく，微妙に異なるひとコマひとコマの静止画を連続的に表示したものです。わずかな変化を人の目が察知することによって動きとして捉えることができます。

では，航空レーザ計測で得られた，複数時期の地形画像をパラパラマンガのようにアニメーション表示したらどうなるでしょう。実際にやってみると，その動きを目で見ることができました。これを定量的に示すことができれば，地形の変化を捉えることができそうです。

画像解析による移動量計測

画像上の対象物の変化の大きさを定量的に示す解析手法に，PIVと呼ばれる手法があります。PIVは粒子イメージ流速計測法（Particle Image Velocimetry）の略で，大気や水など流体中の微小粒子の位置の変化量を複数画像により追跡する技術です。PIVではある一定の範囲の画像を一つのブロックとして，別の画像との類似性を計算し，移動先の座標を追跡します。航空レーザ計測によって作成した詳細なDEMから作成した地形量画像をPIVに適用すると，複数時期間の地形変化を定量的に捉えることができます。

高さの変化も捉える3D-GIV

レーザ計測から作成した地形画像は高さの情報も持っています。PIVで捉えた平面的な変化から，高さの情報を追跡することで，3次元の変化量を捉えることが可能となります。3次元で変化量を捉える手法，それが3D-GIV（3D-Geomorphic Image Velocimetry）です。

最も適した地形量は傾斜量？

いろいろな地形量画像でトライしてみましたが，傾斜を用いた移動量計測がいまのところ最も精度が高いようです。傾斜は標高に対する一階微分量ですが，単なる標高画像では特徴が不明瞭なため，二階微分に値する地形量ではノイズが多くなるため，追跡不可能となるブロックが多く，結果，精度が低くなるように感じています。

ただし，地形の起伏の乏しい平地部では，傾斜量画像では追跡が困難となります。平地には平地に適した地形画像を用いることで良好な追跡が行えるようになります。

様々な分野での適用を目指して

それでは，3D-GIVの適用結果をご覧に入れましょう。図−1は，地震に伴う地形変化への適用結果ですが，地形変化の向きと大きさが視覚的にもわかります。

3D-GIVでは，地すべりの滑動，地殻変動，断層の位置ずれなどの地形の動きを知ることができます（図−2）。大きな変動があった地形の周辺で，単に地形データを見ているだけではわからない変動を捉えた事例もありました。また，3D-GIVは地形だけに限らず，格子点データなどの値を持ったデータに適用できます。今後は，地形はもちろんのこと，その他の分野への適用も期待しています。

図-1 3D-GIVによる地形変化可視化図
地震による地形の変化を3次元の矢印で，鉛直方向の差分量（変化後－変化前）を赤－青の色相で示した図です。地表面形状自体が崩れると追跡できないため，大規模な土砂移動箇所では，2種類の図の重ね合わせが実態把握に役立ちます。

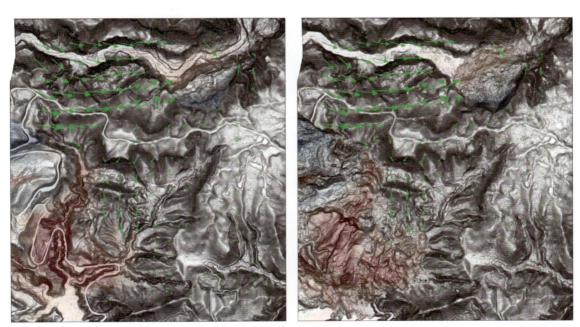

図-2 変化前後の地形画像と変化量　左図：変化前，右図：変化後
3D-GIVの解析結果を，解析に用いた傾斜量画像上に重ねた図です。地形の変化を矢印で，鉛直方向の差分量（変化後－変化前）を赤－青の色相で示しています。前後ともに同じ解析結果を示すことで，変化のあった場所とその結果を確認することができます。

地形表現とその周辺 その9

日本列島陰影段彩余色立体図

国土交通省　国土地理院

1．はじめに

　国土地理院は，日本全国の標高データを整備・提供しており，これまでもこれらを用いて余色立体図や陰影段彩に表現したデジタル標高地形図等，地形を立体的に表現した地図を作成してきました。

　今回，海上保安庁の海底地形データのほか，様々な地形データを利用して，日本列島とその周辺も含めて我が国の領土全体を俯瞰できる「日本列島陰影段彩余色立体図」を作成しました。

2．概要

　国土地理院「地図と測量の科学館」（茨城県つくば市）（以下，「科学館」という）では，1階ラウンジに「日本列島空中散歩マップ」（縮尺10万分1）を展示しています。この地図は，平成17年から展示を始めたもので，赤青メガネをかけて見ると，富士山をはじめとする山々等の地形を立体的に把握することができる余色立体図です。科学館を訪れる方は，入館と同時に床一面に広がる「日本列島空中散歩マップ」で，我が国の地形の特徴を一目で確認できることから，非常に興味や関心の高い展示物の1つです。

　展示を始めた当時の地図は，日本列島の陸地部分のみの展示でしたが，平成23年3月11日の東北地方太平洋沖地震にともなう津波により甚大な被害が起き，海域部分の地形への国民の関心が高まったことから，海上保安庁より海底地形のデータの提供を受け，平成25年3月から現在のように周辺の海域部分のデータを加えてリニューアルしました（図-1）。

　このリニューアルにより，日本列島の地形を，より臨場感をもって理解することができるようになりました。展示スペースや利用できるデータの制限から，「日本列島空中散歩マップ」では，我が国の領海全域を表示したり，離島の一部については正しい位置に配置したりすることができていませんが，科学館を訪れた方からは，「日本列島空中散歩マップ」の範囲を広げて我が国の領土全体を1枚の地図にできないかとか，科学館だけでなく例えば部屋に掲示できるようにするなど，いつでも眺めることができないかとの要望がありました。

　これを受けて，「日本列島陰影段彩余色立体図」の作成を行うことになりました。

図-1　国土地理院「地図と測量の科学館」の「日本列島空中散歩マップ」（概観）

3．「日本列島陰影段彩余色立体図」の作成

　「日本列島空中散歩マップ」は，国土地理院の標高データと海上保安庁の海底地形データを用いて，100程度の範囲に分割して作成した画像を，つなぎ合わせて展示しています。択捉島から与那国島までが約33mで，科学館の1階ラウンジ床一面の大きさの地図です。今回，我が国の領土全体が表示される「日本列島陰影段彩余色立体図」を作成する上では，より広い範囲の地形データが必要になります。具体的には，太平洋・日本海等の広域の海底地形の情報や，大陸部の周辺諸国の地形情報です。

　海域のデータは，海上保安庁より，我が国の海域部分の海底地形に関するデータを提供していただくと共にそれ以外の地域については，GEBCO（The General Bathymetric Chart of the Oceans：国際水路機関(IHO)とユネスコ政府間海洋学委員会(IOC)が共同で推進している海底地形図作成事業)により整備された海底地形データやアメリカ海洋大気庁(NOAA)のETOPO1データを利用しました。また陸域のデータは、国土地理院が刊行する数値地図データに加え、アメリカ地質調査所(USGS)のGTOPO30データ等を入手して使用しました。これらの複数のデータを調整し、国土地理院の職員が作成したオリジナルのプログラムを使用して陰影段彩余色立体図を作成しました。

最終的には、プログラムの機能や表示範囲の制限のため、南鳥島及び沖ノ鳥島については、挿図での対応となりましたが、それ以外の地域については、正しい位置関係で1枚の地図として「日本列島陰影段彩余色立体図」(図-2)を作成することができました。

作成した「日本列島陰影段彩余色立体図」は、縦・横約230cmになる大きなパネルとしても出力ができる高精細なデータです。色は、科学館で展示中の「日本列島空中散歩マップ」に近いものとしました。

4．おわりに

2013年には太田国土交通大臣(当時)が、科学館の「日本列島空中散歩マップ」を視察し、「日本列島の地形や海底地形がよくわかり、防災・減災政策への理解も深めてもらえる地図である」というコメントをいただきました。国土地理院では、「日本列島陰影段彩余色立体図」を用いた大きなパネルを作成し、国土交通大臣室等に掲示しています。

我が国の形や分布、地形、周辺との位置関係などを、大局的な視点で俯瞰できる「日本列島陰影段彩余色立体図」は、我が国の領土の広がりについての理解を促すものと考えています。

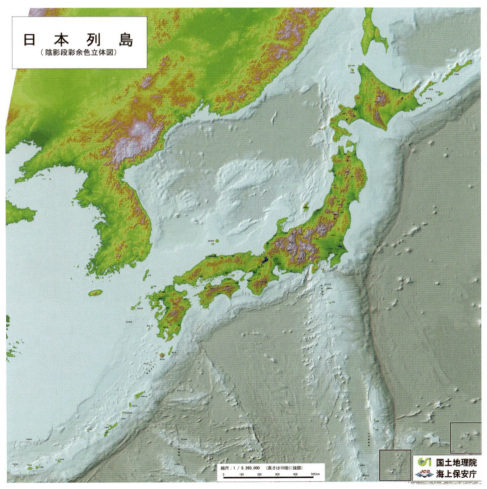

図-2　今回作成した日本列島陰影段彩余色立体図(縮小)

地形表現とその周辺 その10

多重光源を用いた陰影段彩図

株式会社東京地図研究社
石川　剛・鈴木敬子

■はじめに

　基盤地図情報をはじめとする高精度DEMデータが容易に入手可能となり，様々な地形表現法が提案されています。いずれの手法も細かな起伏まで余すところなく表現できるよう工夫されていますが，一般的な色使いとは異なる場合が多く，見慣れていない人には奇異な印象を与える場合もあります。

　一方，最も普遍的な地形表現の方法は陰影段彩図ですが，光源の方位・高度の設定次第では起伏が隠れてしまうことがあり，高さ方向を強調しすぎると比高の大きな箇所が非現実的に表現されてしまうなど，必ずしも万能な手法とは言えません。

　そこで我々は，特定方位による光源に依存しない地形表現手法として，複数光源による陰影図と従来の段彩図を合成した「多重光源陰影段彩図」を考案しました。

■多重光源法の現状

　陰影図作成において，複数の光源を用いる手法はいくつか提案されています(e.g., Gantenbein(2012)，森田喬(1995))。これらによれば，単光源からでは判読困難であった起伏が認識できるなど，陰影の手法として有効であることが示されています。しかしながら，対象物によって入射角や俯角をコントロールする必要があり，また，デスクトップGISアプリケーションに当該機能が実装されていないことなどから，こうした手法を用いた地図はほとんど存在しません。

　この点を考慮し，我々は以下の2点
　1）単純化のため，光源方向を固定する
　2）複数の陰影図の合成方法を新たに考案する
をポイントとして，新たな作成手法を検討しました。

■光源方向の決定

　単光源の陰影図では，方位を12時(上)を起点として時

図-1　陰影段彩図の比較1（新宿近辺）
　　　左：光源左上，右：多重光源

図-2　陰影段彩図の比較2（立川周辺）
　　　左：光源左上，右：多重光源

計回りに315度(10時半，左上)方向，俯角45〜60度に設定することが一般的です。この場合，左上方向へ直線状に延びる地形の起伏は見えにくくなります(図-1左，図-2左)。一方で下方向に光源を設定すると，目の錯覚で凹凸が逆転して見えてしまうことがあります。

　以上を踏まえ，光源方位や俯角について何種類かのパターンを作成・検討した結果，「270度(左)・0度(上)・90度(右)」の3方向，俯角は60度に固定することとしました。

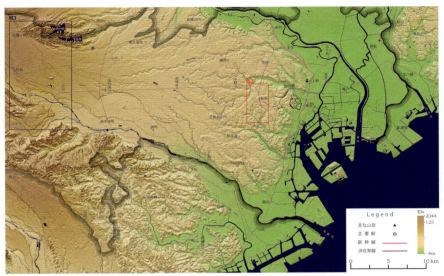

図-4 多重光源で作成した東京都全域の陰影段彩図（高さ3倍に強調）

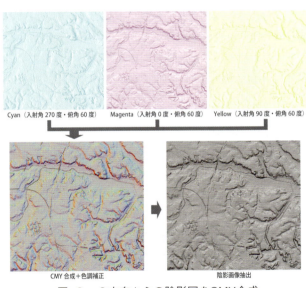

図-3 3方向からの陰影図をCMY合成

■陰影画像の合成

次に，3方向から作成した陰影画像を色料の3原色（シアン/Cyan，マゼンタ/Magenta，イエロー/Yellow）でデータ化し，グラフィックソフトもしくはGISで合成および色調補正した後，陰影部分（グレースケール）を抽出します（図-3）。なお，目視で最も識別しやすいマゼンタを上，次いでシアンを左，透明性が高いイエローを右に割り当てることで，左上光源に近い印象を得ることができます。

■陰影段彩図へ

このようにして作成した陰影画像にカラー段彩画像を重ね合わせたのが「多重光源陰影段彩図」です。

従来の陰影段彩図と比較して，
・輝度が上がり，全体的に鮮やかで明るくなる
・単光源では表現しきれなかった小地形の表現が可能
・標高値の強調を抑えられるため，山地から低地までの違和感が少ない

といった特長があります（図-1右，図-2右）。

また，カラー段彩はユーザーで任意に設定できるので，見慣れた色合いを維持しながら地形の起伏をより見やすくすることが可能です（図-4）。

【参考文献】

Collette Gantenbein (2012): Creating shaded relief for geologic mapping using multiple light sources. U.S. Geological Survey Open-File Report 2012-117, USGS, 101-106.

K. Suzuki, G. Ishikawa (2013): "Dekoboko Chizu" -A 3D map of Topography of Tokyo: A Color-Shaded Relief Map created with Multiple Light Sources, Esri User Conference (UC) 2013.

東京地図研究社（2014）：地面の凸凹を描き出す凸凹地図の作り方．体感！東京凸凹地図，技術評論社，21-22.

森田喬（1995）：地域計画用背景図の疑似立体表現およびその適用性に関する研究．土木学会論文集，506, 57-67.

【使用データ】

基盤地図情報標高モデル5mメッシュ／10mメッシュ（国土地理院）
MapPackage2012年版，日付指定全国市区町村界データ2013年版（東京地図研究社）

地形表現とその周辺 その11

地形表現と3Dプリンター

北海道地図株式会社
高橋宏樹

3Dプリンターの概要

　3Dプリンターは1980年代には実用化されていましたが当時はまだとても高価で特殊なものでした。2000年代半ばまでは安くても数百万円という価格帯でしたが，2009年にFDM方式(熱溶解積層法)という重要な基本特許が期限切れとなったのを受け，数万円から数十万円という低価格なものが発売され，一気に身近なものになってきました。更に2014年2月にはSLS方式(レーザー焼結法)の特許が期限切れとなり，更に低価格化，高性能化が進むものと思われます。

　3Dプリンターで扱われる素材(マテリアル)は，樹脂や石膏粉末が多く使われていますが，変わったところでは，ゴム素材や砂糖を素材とし食べられるものなどもあり，最近注目しているのはA4のコピー用紙を素材とし，低ランニングコストを実現している製品(アイルランドmcor technologies社のMcor IRIS)です。

3D地形表現モデルデータの作成方法

　3Dプリンターで扱うデータは，一般的な3DCG，3DCADソフトのデータ形式である，STL，OBJ，VRML，PLY，3DSなどがあり，機種によって対応データ形式は異なります。

　また，データ形式によっては色の有無の制限があり，事前に確認が必要です。

　当社では，3Dプリンターで出力する地形表現モデルを作成する際には，VRML＋テクスチャ画像(JPGやTIFF等)で作成しており，その作成手順は，1．縮尺，模型サイズの算出，2．確認用の3DPDFの作成(Adobe Readerで表示可能)，3．VRMLデータの作成，4．3Dプリンターで造形，5．必要に応じて表面の耐久加工を施す，となります。

　また，地形表面形状をそのまま3Dデータにしたものでは不十分で，地形表面形状に適宜厚みを与えたり，台座形状を付与したりする必要があります。

　地形表面形状はTINと呼ばれる小さな三角ポリゴンで構成されます。ポリゴンを増やせばより細かく滑らかになりますが，3Dプリンター側にポリゴン数の上限値があるため，注意が必要です。地形表面形状に厚みを持たせたいときには，地形表面と裏面の両方にポリゴンを発生させる必要があるため，簡単にポリゴン数の上限値を超えてしまう可能性があります。これは地形表面形状と台座の間を埋めることで解決できますが，素材を大量に消費し，出力されたものが重くなるという問題点があります。

3D地形表現モデルの事例

　紹介する事例は全て3D Systems社のZPrinter 650(最大造形サイズ10×15×8inch，石膏粉末を使用，39万色カラー)で出力されたものです。

・宮城県女川町詳細立体模型
　東日本大震災により津波被害を受けた宮城県女川町に復興計画策定支援用として2011年7月に(社)日本地図調製業協会(現，地図調製技術協会)を通じ寄贈されたものです。

国土地理院より，レーザー測量による5mDEM，震災後の空中写真オルソ画像，津波浸水地域のデータ提供を受け，縮尺1/5,000，約70cm四方で，高さ強調を1.5倍にし，地形の起伏感を強調しています。

この立体模型は2012年度電子国土賞を受賞しました。

・桜島地質図立体模型

（独）産業技術総合研究所地質調査総合センターの桜島火山地質図（第2版）と当社の10mDEM(GISMAP Terrain)，（一財）日本水路協会の海底地形デジタルデータ（M7008薩南）を使用して桜島火山地質図の3DCGを作成し，縮尺1/31,250，高さ強調1.5倍で出力したものです。

・富士箱根立体模型

当社の10mDEM(GISMAP Terrain)と景観テクスチャ画像(GISMAP Texture)を使用した，富士山，箱根周辺の立体模型で，480mm×390mmの大きさです。

国の動向

国土地理院では，「地理院地図3D」(http://cyberjapandata.gsi.go.jp/3d/)を公開しています。日本全国どこでも地理院地図を3次元で見ることができ，3Dプリンター用データをダウンロードすることができます。また，地理院タイルを併せて使うことで，色別標高図，オルソ画像，自然災害の被災地区の空中写真などを3次元で見たり，3Dプリンターに出力したりすることが可能です。

地形表現と3Dプリンターは非常に相性が良く，平面の地図では判別しきれない情報を直感的に読み取ることができます。

実際に私たちは経験的に周囲の相対的な高低差を把握しており，地図も見慣れているため，位置関係，距離感などもわかっています。しかし改めて3Dプリンターで出力されたものを見ると必ず新たな発見があるものです。

地形を正確に把握できるということは，防災意識，危機管理意識の向上に繋がるはずです。

既に行政機関では防災，減災のために，特に避難計画，復興計画の策定支援に使われています。

3Dプリンターは多品種少量生産に向いているという特長があり，3Dデータさえ作成，入手できれば，誰でもそれを手にすることができます。

今後，更に3Dプリンターが進化し，低価格化が進み，出力コストも下がっていくはずです。

出力機はラインプリンターからページプリンターへ，モノクロからカラーへと進化してきました。3Dプリンターが一般家庭にまで浸透するにはもう少しだけ時間が必要かもしれませんが，カメラに代わって携帯電話，スマートフォンで写真を撮るのが当たり前になったように，3Dプリンターで出力するのも当たり前のことになるのは時間の問題だと思いませんか。

地形表現とその周辺 その12

Digital Elevation Modelから
判読できる地形・地質情報

有限会社地球情報・技術研究所

井上　誠

　地質屋は，山の形状を見ておおよその地質を判断することができます。斜面の傾斜角と方向，山体の形状，山の高さなどを参考にして判断しています。DEMを使った地形解析によりこれらの特徴を抽出することが可能です。近年，高精度のDEMの入手が容易になり，DEMから地質情報と微地形を抽出することが可能になりました。

　図-1は，50mDEMを使用して作成した20万分の1「甲府」範囲の傾斜量図（ポジ画像）を着色した図です。傾斜量図では硬い岩石は明色で表現され，柔らかい新しい時代の岩石は少し暗い色で表現されます。阿寺断層が雁行状に分布することから逆断層であることが判読できます。天竜川の扇状地は西岸のみに発達して，東岸にはほとんどないことから，天竜川の東西で隆起速度が異なることがわかります。中央構造線は正断層であるために1本の線として表現されています。傾斜量図だけでも非常に多くの地質情報を判読することができます。

　次に彩色傾斜量図（傾斜量図を基図として地形解析要素をカラー合成したイメージ図）について説明します。カラー合成を行うには合成に使う地形解析結果を図-2に示すような画像にします。合成に使用する画像が決まりましたら，地形解析要素をRGBのどの色にどの程度の混合割合で作成するかを決めます。判読目的が強調されて見やすい色になるように試行錯誤で割合を調整しま

す。

　図-3に10mDEMから作成した地形解析結果の画像を合成した彩色傾斜量図を示します。屋久島の彩色傾斜量図では，同じ地形的特徴を有する岩相は同じ色で表示されています。花崗岩類が単色でないことから地形的特徴の異なる複数の岩体があることがわかります。明るい黄色が主体の花崗岩類は地表面の凹凸が大きく，暗赤色の花崗岩類は比較的緩やかな地形であることがわかります。地形的特色が異なることから同一の性質の花崗岩類ではないことが推測されます。

　図-4は，2万5千分の1「大宮」範囲の5mDEMから作成した彩色傾斜量図です。下図は，上図の赤線範囲を拡大した図です。地形解析結果を傾斜量図に合成することで旧河道や自然堤防などの微地形が強調されて表現されて判読が容易になります。大宮台地の地質構造も判読が可能です。カラー合成手法は，DEMを用いた地質判読や微地形解析には非常に便利な手法と言えます。

　DEMの地形解析については文献1）を，傾斜量図については文献2）を参照して下さい。

参考文献
1）野上道男・杉浦芳夫（1986）：パソコンによる数理地理学演習，古今書院
2）脇田浩二・井上　誠（2011）：地質と地形でみる日本のジオサイト―傾斜量図がひらく世界―，オーム社

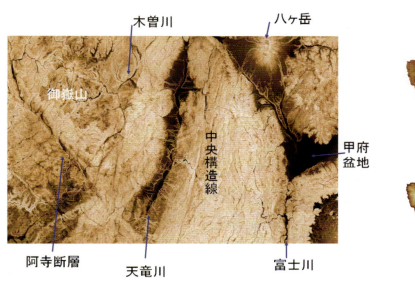

図-1 20万分の1「甲府」の50mDEMにより作成した傾斜量図
（ポジ画像）

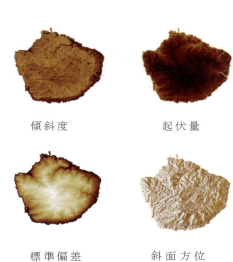

図-2 カラー合成に使用する画像の例
（国土地理院10mDEMを使用）

図-3 彩色傾斜量図の例（屋久島）
（国土地理院10mDEMを使用）

図-4 電子国土基本図2万5千分の1「大宮」範囲の5mDEM
を使用してカラー合成した傾斜量図
上：「大宮」全体図 下：赤線範囲の拡大図

地形表現とその周辺 その13

地図化領域の拡大に向けて
～水中写真地図作成～

朝日航洋株式会社
鈴木英夫

はじめに

　航空機を用いて空中写真から地表面の形状（＝地形）を計測する航空測量は，かつてのアナログフィルム時代からデジタル化への変遷によって飛躍的に効率化が進んできたのは周知のとおりです。しかし水域においては「水」の存在により空中から水底を観測することが困難なため，船舶からの音響探査測深技術が広く用いられていますが，浅海域では航行のリスクが伴います。一方で，最近の社会的ニーズとして，地球温暖化の影響を受けるサンゴ礁モニタリングや洋上風力発電施設の建設に伴う周辺海域の調査，さらには低潮線保全などを目的とした浅海域の効率的な現況把握技術が求められています。このような課題への取り組みとして，朝日航洋では新たに自動航行型無人浅海底観測システムを開発し，浅海域の新しい計測方法を提供しています。

自動航行型無人浅海底観測システムと水中写真地図

　弊社は図-1に示す自動航行型無人浅海底観測システム（名称：せんかい）を(独)国立環境研究所と共同開発しました（特許取得済）。「せんかい」は水中カメラにより浅海域の海底画像を撮影し水中写真地図を作成するシステムです。データ処理の流れは，①小型フロートボートに搭載したGNSS＆ジャイロ（方位・位置・傾きのセンサ）で位置座標と姿勢情報を取得，②ボートの左右に配置した水中カメラでステレオ画像を収録，③収録したステレオ画像と姿勢情報をもとに海底のDSM（Digital Surface Model）を抽出し，オルソ画像を作成します。これによって浅海域の地形情報および水中写真地図を面的に効率よく作成することを実現し，得られる海底のDSMデータとオルソ画像を用いた臨場感ある海底地形の3次元表示も可能となりました。

図-1　自動航行型無人浅海底観測システム「せんかい」

　図-2は沖縄県石垣島付近での計測結果から作成した海底地形の3次元表示（鳥瞰表示）です。海水の透明度が高く，水深約5ｍの海底の様子が詳細に再現できていることが見て取れます。図中央のテーブルサンゴの大きさは，約55cmとなっています。

図-2　石垣島付近の海底地形3次元表示

　図-3は静岡県西伊豆町の田子漁港付近での水中撮影画像です。左図の撮影結果では透明度が低いために海底の様子が分かりづらい状況でしたが，独自の画像補正技術「アクアスコープ＋」処理を適用したところ，右図のように

 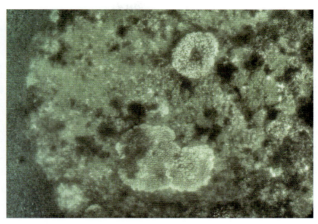

図-3　単画像(垂直写真)の補正例(左：補正前／右：補正後)

 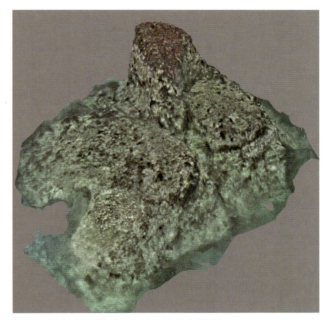

図-4　地形抽出範囲の比較-3次元鳥瞰表示(左：補正前抽出結果／右：補正後抽出結果)

サンゴや海底が鮮明に見える画像となりました。これらの画像から補正処理が透明度の低い条件下で画像の視認性を向上させることが分かります。イメージマッチングによる地形データ抽出処理においても補正効果が表れて，図-4左で補正前に地形抽出できなかった範囲が，同右図のように抽出可能範囲が拡大し，かつ地形の詳細度も向上できています。図-4は，左右とも同じスケール・範囲で表示し，右図の地形抽出範囲は約8m四方に拡大しています。

おわりに

　本稿では水中カメラ画像を用いた浅海底の地形計測事例と，独自のデジタル画像補正処理を用いることで従来では困難であった透明度の低い条件下での水中写真地図作成の可能性を紹介しました。このような画像解析技術は，これまでと異なった新たな視点での利活用を目指して開発したものです。どのような分野に適用できるか未知数の課題も多いのですが，画像による地図化技術適用領域の拡大を目指して，より一層の社会貢献となるような研究開発を進めていきたいと考えています。

地形表現とその周辺 その14

360°映像とレーザー点群を用いた高精度3DCADの作成手法と展開について

株式会社 U'sFactory

代表取締役　上嶋泰史

【はじめに】

防災・建設・土木工事の計画段階や工事中の確認作業においては，現地実測や実測内容の図面作成が必要である。特に近年では図面が存在しない場所の3D点群データから3DCADを複合図として作図する需要が高まっている。

このような背景を基に，(株)岩根研究所と(株)U'sFactoryとが共同で，既存建物等を簡単に3DCADに変換可能な(商品名)「Info360」を開発した。本商品は(株)岩根研究所独自のCV(カメラベクター)技術を使い，全周囲動画映像からカメラ位置を高精度に求め，座標値を持ち合わせる三次元化映像を作成する。3Dレーザー測量値を基に，3DCADを作成し，360°映像に3Dモデルを取り込み，3Dと写真を合成したVR(バーチャルリアリティ)モデルを作成する。

【作成手順】

〈手順―1〉360°映像の撮影

(図-1)のRICOH THETA V(360°レンズ)を搭載したロボットを使い，全周囲360°画像の撮影を行う。解像度は14Mに相当する高精細な360°画像を用いる。

〈手順―2〉3D点群データスキャン

(図-2)に示す3D点群レーザー計測器にて，部屋を計測し，点群データから特徴となるポイントに関するX，Y，Z座標の相対座標を取得する。

(図-3)はレーザー計測点群データを表示し，特徴点計測ポイントに付与された番号の確認を行う。

〈手順―3〉360°映像合成準備

(図-4)に示す(図-2)で測量した，出隅・入隅・サインの角などの特徴点(X，Y，Z値)を画像に登録する。特徴点登録の目的は，(株)岩根研究所独自のCV(カメラベクター)技術を使い，撮影場所の違う画像同士を結合する際に，座標値を持ち合わせる三次元化映像の補正に利用するためである。

〈手順―4〉360°連続映像合成と確認

(図-5)の通り，(株)岩根研究所独自のCV(カメラベクター)技術を利用し，撮影した全周囲画像から「特徴点」を自動的に抽出し，全周囲画像内で追跡。特殊画像処理後，各画像フレームの三次元情報を取得可能な「CV映像」に変換する。

(図-3)の特徴点ポイントを利用し，(株)岩根研究所独自の「CV演算」，「CV補正」を実行し，(図-6)に示す，CV映像内の特徴点一致確認を行い，計算値との誤差が無いことを確認する。

〈手順―5〉部屋の3Dモデリング

(図-7)のように，GraphiSoft社の「ARCHICAD」を使い，3D点群データから部屋内部の詳細な3Dモデリングを行う。このとき，計測3D点群データの位置と合成された360°映像のXYZ座標値が同じであることから，「Info360」では(図-8)のように360°映像内へ3Dモデリングをインポートすることが可能である。

【本技術の有効性と活用事例】

本技術の最大の特徴は，リアルとバーチャルの融合を具現化するために，レーザー測量器と360°映像を融合させる独自の手法である。現場作業でレーザー計測点群だけを取り扱うと測定不足の影にあたる部分が多く存在する。360°映像を同一座標値に保存し，視覚化することで，経験則から様々な情報を推測できる。

また360°映像内に情報を複数人と共有する機能により，従来2次元図面と同時に管理されていた多くの資料は，3次元空間の中で管理される取組へと変化することで，革新的な業務効率化が図られる。

《活用事例1》

総務省事業における「平成25年度G空間シティ構築事業」において，立命館大学を代表団体とする「被災に伴い制限された通信環境下における，地下空間を含む情報伝達・避難誘導支援の実現」として，名古屋の栄地下街(セントラルパーク内)の地下及び地上部の3次元地図製作を担当した。iBeaconを活用したセンサー技術との融合で，測位座標を持ち合わせる全周囲映像と3DCAD情報の活用の実証実験を実施することで，現況報告だけでなく，ファシリティーマネジメントに応用可能な，建物内の資産管理及び，修繕等の調査に活用可能な技術を提供した。

《活用事例2》

株式会社OTSLが提供する「世界初の自動運転向けミリ波レーダ・シミュレータ(AMMWR シミュレータ)」向け専用高精度3D 地図データ部分に活用。実在の道路や建造物などの素材ごとのミリ波レーダの反射特性を3D地図データに統合し，現実の道路状況をより正確に再現した環境でのシミュレーションを可能にした。

（図-1）全周囲360°カメラ

（図-2）

（図-3）

（図-4）

（図-5）

（図-6）

（図-7）

（図-8）

活用事例1

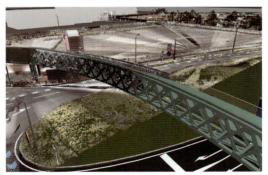

活用事例2

28

地形表現とその周辺 その15

海底地形の立体表現

(一財)日本水路協会
技術アドバイザー　八島邦夫

1．等深線による海底地形の表現

　海と陸では測量の方法が異なり，また地形の特徴も海と陸では異なるため，地形表現とその周辺事情も異なっている。

　地図の誕生は文字より古く，初期の地図は平面的な位置関係を相対的に表すだけだったと言われている。地表の起伏を表す方法は，長い間考案されず，山や谷は地図上に絵画的に表現されるだけであった。

　ヨーロッパで考案された等高線は，地形を面的に数値で表現できるなど画期的であったが，尾根線や谷線などの地勢線を頭の中で思い描かないと地形が見えてこないなど普及はなかなか進まなかった。しかし，19世紀の終わりになると等高線を用いた陸の地図も普及し，その後，等高線を基にくんせん（ボカシ），高度段彩などを加える手法が考案され，地形の立体表現も進展した。

　海の地図は航海用の海図として誕生し，海底は航海者が海の深さを容易に知ることができるよう水深値で表され，このことは現在でも変わらない。一方，18世紀初めには等深線によって海底地形を表現する海図も作製されており，これは陸の等高線を使用しての表現より早かったと言われている。

　世界で最初の近代的海底地形図は，米国のモーリー（1854）が描いた北大西洋の水深図で，日本で最初の近代的海底地形図は，小倉（1925）の「日本近海の深さの図」で，いずれも海底地形を等深線で表現している。その後，色彩を用いた深度段彩の採用や立体表現も考案され，現在のコンピュータグラフィックスの進展に続いている。

2．海底地形の立体表現（浮彫式海底地形図と海のパノラマ地図）

　等深線に青系統色の深度段彩を加える手法は，海図No.6080「日本近海水深図」（1929年刊行），GEBCO（大洋水深総図）や海の基本図などに見られ，色彩で海底地形を立体的に表現する手法は，一般的な海底地形表現法となっている。

　図-1は，九州帝国大学の田中吉郎博士（1939）が考案した浮彫式（レリーフコンター法ともいわれる）立体表現手法である。等深線を少しずらして幅

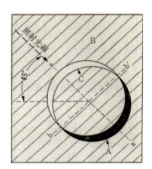

図-1　浮彫式（レリーフコンター法）の原理

を持たせて北西方向から光を照射し，南東側に陰影をつけて立体的に表現する方法である。この方法は，国際的にもKichiro Methodとして地図学の教科書にも引用され，水路部は大縮尺から小縮尺の数版の海図に採用してきた。この中でNo.6901「日本近海海底地形図」は海上保安庁海洋情報

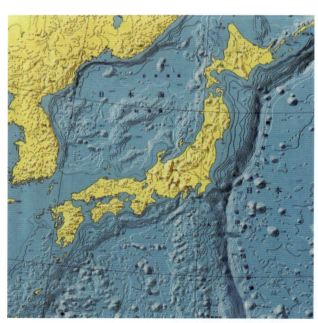

図-2　海図No.6901「日本近海海底地形図」（1971年刊行）の一部

部の傑作海図の一つとなった(図-2)。その後，水路部の茂木昭夫博士(1977)は，斜め投射した等深線にケバを加えた立体表現法を考案し，日本周辺の海底俯瞰図を作製した。

外国では，米国コロンビア大学ラモント地質研究所のヒーゼン博士と女性の共同研究者であるサープさんが大西洋中部海域のフィジオグラフィックダイアグラムといわれる絵画的な海底地形図を作製した。後にナショナルジオグラフィック誌の付録地図として全世界の海底地形図が作製され，美しい海底のパノラマ地図として世界的に知られるようになった。1970年代の海洋地質学者に海洋底拡大説のイメージを抱かせる基となったコンピュータ導入以前の立体表現地図の最高峰である。

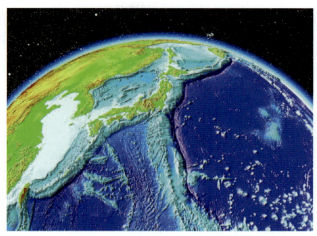

図-3　天空から見た日本周辺の立体的海底地形画像

3. コンピュータグラフィックスによる立体表現

コンピュータグラフィックスの出現は，海底を面的に測定できるマルチビーム測深機の登場と相まって立体表現の可能性を飛躍的に向上させた。水路部でデータ処理にあたった浅田昭博士(1992，現東大生産研究所教授)，沖野郷子博士(1998，現東大大気海洋研究所教授)，吉田剛博士などはGMT(General Mapping Tools, Wessel and Smith 1991)ほかの手法を用いて種々の表現法を工夫・考案した。

図-3は，吉田博士が中心となって開発した天球から見た日本周辺の海底地形の立体画像で，高度や視点を任意に変えることができる。図-4は海洋情報部と広島大学名誉教授の中田高博士が共同で考案したアナグリフ画像で，マルチビーム音響測深機データを基に約90mのグリッド水深データを用いて作製した。フィリピン海プレートが南海トラフで沈み込み，本州側に付加体が続々しわ状に形成されている様子が見事に表現されている。

以上の方法の詳細は，紙面の関係で省略するので以下の文献を参照してもらいたい。

参考文献

小倉伸吉(1925)日本近海の深さの図　水路要報28号
浅田昭(1992)シービームとグラフィックス処理　海洋調査技術学会4号
泉紀明・加藤幸弘・西沢あずさ・伊藤弘志・渡辺奈保子・中田高・後藤秀昭・植木俊明・梶琢(2011)　3秒グリッドDEMから作成したフィリピン海プレート北縁部の3D画像　海洋情報部研究報告47号
沖野郷子・山本富士夫・加藤幸弘(1998)海底地形解析の新手法　水路部研究報告34号
田中吉郎(1939)彫塑的水平曲線地図法の理論と描き方　地理学評論15号
茂木昭夫(1977)日本近海海底地形誌　東大出版会

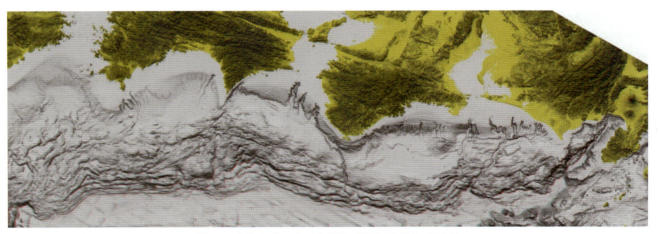

図-4　南海トラフのアナグリフ画像(泉ほか 2011)

地形表現とその周辺 その16

3Dプリンタによる触地図作成の試み

国土地理院

中川　俊

はじめに

　触地図は図形や文字（点字），記号などを浮き上がらせた，主に視覚障がい者の利用を想定した地図で，指先で触ることで理解することから，触知地図とも呼ばれる。

　日本における触地図の歴史は古く，明治時代に盲学校で正式に取り入れられた地理教育のために，教師によって手作りされたものが初めとされている。

　触地図は盲学校の教材として利用されることが多く，一般に知られることは少なかったが，近年は駅構内などの公共施設やレジャー施設などの案内板で目にすることも多くなってきた。

従来の触地図

　触地図を作成する方法はいくつかあるが，よく使われる方法は立体コピーと呼ばれる方法である。これは印刷した黒色部分が，加熱されると膨張し盛り上がるという性質を持つ特殊な用紙を用いるもので，トナー式のプリンタ等で図形や点字を印刷し，立体コピー現像機の加熱によって盛り上げる処理を行う。

　この方法は，熱で膨張する用紙は安価であるが，立体コピー現像機が高価であることから，利用者が限られるのが難点である。また，盛り上がる高さは1mm程度とほぼ一定で，案内図などは手軽に作れる強みがある一方，山岳の形状など地形の表現は難しい。

　国土地理院では，約20年前から触地図作成の研究を行っており，立体コピー機による案内図を想定した触地図原稿作成技術を提供してきたところである。

3Dプリンタを活用して

　国土地理院では，平成26年3月に地理院地図[※1]を3D表示し，ブラウザ上でぐるぐる回せ，3Dプリンタ用ファイルもダウンロードできる，地理院地図3D[※2]をWebで公開した。これを機に3Dプリンタを導入し，立体地図の防災や災害対応等への活用も進めてきた。また，平成26年8月には現在のラスタ型だけでなく，ベクトル型での地図配信の検討のため，道路中心線ベクトルタイルの提供実験を開始したところである。

　これらの技術を活用し，ベクトルタイルの活用方法の一例として，3Dプリンタによる触地図（図-1）を試作したところ，国内外の多くのマスコミに取り上げられ，点字図書館等の各地の福祉施設からもたくさんの問い合わせをいただいた。

　作成した触地図の3Dプリンタ用ファイルは，サンプル（図-2）として触地図サイト[※3]で公開している。また，画像から3Dプリンタ用STL[※4]ファイルを作成するプログラムも公開している。

おわりに

　触地図については，新潟大学の渡辺准教授[※5]や筑波技術大学の宮城講師[※6]に助言をいただいている。

　また，各福祉施設等から，たくさんのご意見やご要望をいただいている。これまでにいただいたご意見等を生かし，今後も3Dプリンタを活用した触地図作成の技術を模索してきたい。

　今や3Dプリンタは安価なものでは6万円程度で販売されており，個人の保有も多いと思われる。福祉関係の方々のみならず，3Dプリンタを保有する個人の方々や，企業等様々な方々に向けて，引き続き触地図作成の技術情報の発信に努めていきたい。

図-1　3Dプリンタによる触地図
高田馬場駅周辺，高さ3倍強調の上に道路を約2mm盛り上げてある。

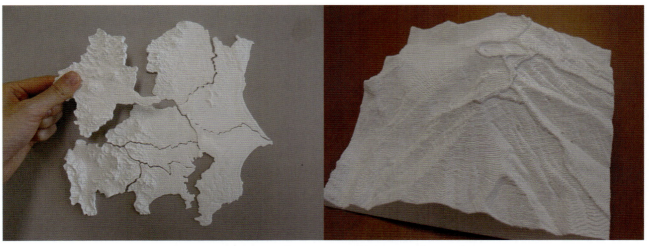

図-2　公開中の3Dプリンタによる触地図サンプルの一部
左は高さ3倍強調の都県別の地形模型，右は登山道を強調した御嶽山（高さ強調なし）。

（※1）地理院地図　http://maps.gsi.go.jp/
（※2）地理院地図3D　http://cyberjapandata.gsi.go.jp/3d/index.html
（※3）触地図サイト　http://cyberjapandata.gsi.go.jp/3d/index.html
（※4）STL　熱溶解積層法の3Dプリンタで標準的に使用される3Dデータファイルの形式
（※5）新潟大学工学部福祉人間工学科　渡辺哲也准教授
　　　http://vips.eng.niigata-u.ac.jp/
（※6）筑波技術大学障害者高等教育研究支援センター　宮城愛美講師
　　　http://www.tsukuba-tech.ac.jp/department/rc/rs_visually.html

地形表現とその周辺 その17

河床地形の可視化表現

株式会社パスコ
技術統括本部　朝比奈利廣

1. はじめに

航空機レーザ測深機(Airborne Laser Bathymetry：以下ALB)は，水中透過能力の高いグリーンレーザを照射することで，飛行コースに沿って水底を含む地形形状データを広範囲で得ることができるシステムです。ALBは，現在では世界各地で浅海域の海図の更新や沿岸環境のモニタリング，一部の地域では河川測量にも運用されています。また，国内では，唯一，海上保安庁が保有しており海図作成などに利用されています。今後は国内でも更に多くの場で活用されていくものと考えられます。

2. ALB

ALBでは，レーザ測距装置のほか，機体の位置・姿勢の情報を取得するGNSS/IMU(慣性計測装置)，レーザ計測時の地表の状態を撮影するデジタルカメラを航空機に搭載し計測を行います。このうちレーザ測距装置では，照射した各レーザの波形を記録した波形情報を持った陸部および水面を計測する近赤外レーザ(波長1,064nm)と水中部分を計測するグリーンレーザ(波長532nm)を同時に照射します。水面反射でのレーザパルスの往復時間と，水を透過し水底で反射したレーザパルスの往復時間差から水深を算出して，水部内の地形モデルを再現するシステムです。しかし，ALBは水中におけるグリーンレーザの光学的特性等により，その測深能力が左右されるため，水質等の事前調査が必要となります。図-1にALBにおけるレーザの照射の仕組みを示します。

3. ALBデータの取得と解析方法

本稿では，2013年10～11月に実施した吉野川下流域での計測事例を紹介します。使用した器材は，LADS MK3(Fugro社；レーザパルス周波数1,500Hz，測点密度

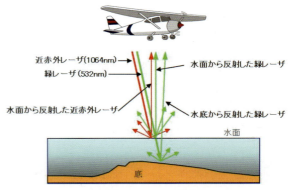

図-1　ALBの概念

3m×3m)とVQ-820-G(RIEGLE社；レーザパルス周波数520,000Hz，測点密度は可変)です。

取得されたALBデータをウェーブレット変換(Mexican Hat)し，河床の微地形である河床波の特性について解析しました。ウェーブレット変換については本シリーズその4で紹介済みです。

4. 河床の素顔と河床波

ALBの解析結果を2例示します。

1) 距離標10.8～11.4km付近の河床形態

吉野川第十堰(左岸距離標14.2km)の約3km下流付近の解析結果を図-2に示します。河床には流向に直交した波頂をもつ特徴的な河床波を確認できます。この河床波の波高は約0.5～1m，波長は約20～25mです。図に示した断面線X1-Y1に併走するように左岸より約30m付近にもこの河床波の残骸と思える河床形態が連続して認められます。

2) 距離標10.6～10.8km付近の橋脚洗掘

主要地方道徳島引田線に架かる名田橋(PCラーメン橋，橋長800m)の橋脚周辺河床の解析結果を図-3に示します。図より中央の橋脚より下流へ約300mに及ぶ明瞭な洗掘状況を確認でき，複雑な渦のような痕跡も認められ

ます。また，橋脚上流側河床に比べ最大洗掘深は約1.5mに達していることを確認できます。

このように，ALBは河床の微地形の変化全体を鮮やかにとらえていることがわかります。

参考文献

Addison, P.S. (2002) The Illustrated Wavelet Transform Handbook, IOP Publishing Ltd. (新誠一・中野和司監訳，2005．図説ウェーブレット変換ハンドブック 朝倉書店)

岡部貴之，他(2014)ALBの河川縦横断測量への適用性の研究，河川技術論文集，第20巻，pp. 55-60

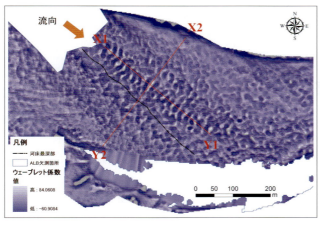
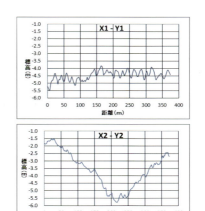

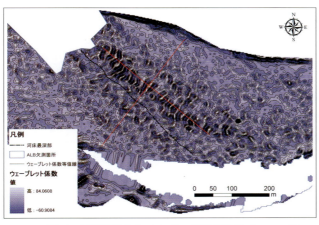

図-2にはウェーブレット係数の等値線を入れた図と入れない図を用意しました。目的などに応じて等値線間隔を適宜変えることが必要です。本事例では河川を対象としましたのでイメージと合うように青の表示にしましたが色の効果も大切です。

図-2　距離標10.8〜11.4km付近河床のウェーブレット変換解析図(等値線間隔0.75)

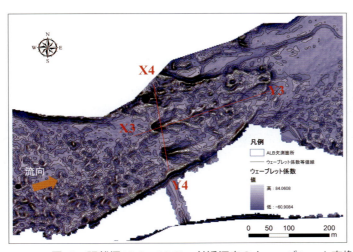
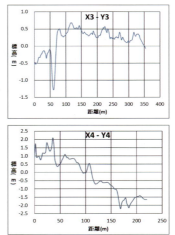

図-3　距離標10.6〜10.8km付近河床のウェーブレット変換解析図(等値線間隔0.75)

地形表現とその周辺 その18

上空から海底までを表現する

国際航業株式会社
本間信一

地形を表現する手法ELSAMAP

ELSAMAP（エルザマップ：Elevation and Slope Angle Map，技術名称としては「カラー標高傾斜図」，特許第4771459号）とは，数値標高データから，色相に割り当てた標高値とグレースケールの明暗に割り当てた傾斜量を透過合成した画像地図であり，航空レーザーで得られた詳細な地形から微地形を見ることができるように作成した地図表現手法の一つである。この図は，任意地点における標高と斜面傾斜度という，基本的な局所地形量を同時に表示するものであるが，色相と無彩色の明暗というコントラストが強い表現要素を用いているため，それぞれの地形情報の意味は独立して認識できる。表現したい地形に合わせて標高を示す色相の数やレンジを調整することができ，直感的でわかりやすい地形表現が可能である。

ELSAMAPによる空の表現

ELSAMAPでは，これまで主に標高データを対象とした「地形」を表現してきたが，格子点上に値を持ったデータであれば標高データに限らず地形に代わる何かを表現することができる。

日常生活の中で，私たちは地形を表す方法の一つである等高線に似たデータを毎日のように目にしている。ニュースや新聞紙面に必ずといってよいほど登場する天気図がそれであり，気圧のデータを等圧線として図示したものである。気圧の情報を表現してみるとどうなるだろう。ということで海面更正された気圧データをELSAMAPの技術を使って表現してみた。今回データとして用いたのは，気象予測モデルをスーパーコンピュータで計算した結果であるGPV（Grid Point Value）と呼ばれる格子点データである。作成した図のグレースケールは斜面傾斜ではなく気圧傾度に対応し，色相は天気図のイメージに合うように高気圧を青，低気圧を赤といった配色とした。ここでは台風や発達した低気圧，梅雨前線を示したが，台風や低気圧と周囲との気圧の差や，台風や低気圧に向かって空気が流れていく様子を，天気図を見るよりも容易に理解することができるのではないだろうか。天気図の等圧線から風の流れを捉えるには天気図を読み解くための知識が必要となるが，GPVを可視化したこの図では，それよりも直感的な理解が可能となる。ここでは図示しないが，気圧の表現図に雨量分布などを重ね合わせると，地形と天気や気象の理解を深めることにつながる面白い画を見ることができる。

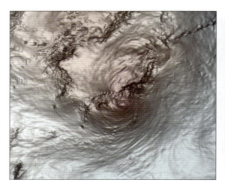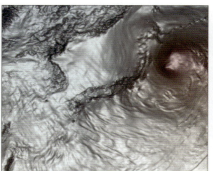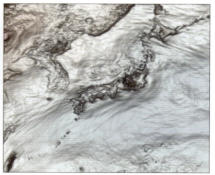

海面更正気圧のELSAMAP（台風・低気圧・梅雨前線）
海面更正気圧にはMSM客観解析データ（気象庁提供）を用いた

海底地形のELSAMAP鳥瞰図

さて，その上空の気圧データでは地上の位置を明瞭に捉えることに少し困難を伴うため，日本付近の海底地形を，台風を示した気圧と対比するように示した。気圧，海底地形ともにELSAMAPを鳥瞰図として表現している。海底地形では海山や海嶺，海溝が明瞭に浮かび上がり，プレートの境界やそれぞれの海の深さの違いなど，普段地図を見ただけでははっきりと意識しない海底地形の理解を深めることにつながる。気圧のデータとの関連性はあまり目に付かないが，海面水温や海流のデータなどを対比すると何らかの関連性が見られるかもしれない。

測量データ表現手法の可能性

測量データとは異なるが，気圧をはじめとする気象データも時々刻々と変化を続ける地理空間情報の一つである。測量データを表現するために育まれた手法を様々な地理空間情報に適用することで，新しく見えてくるものがたくさんある。上空から海底まで，私たちが日常では容易に目にできない世界を，これらの技術は理解しやすいものに変換してくれる。

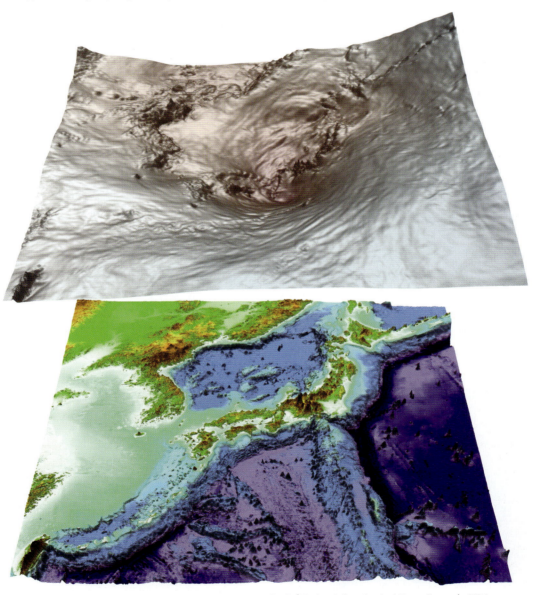

This image was generated from "ETOPO1" by NGDC (National Geophysical Data Center). USA

海面気圧と海底地形のELSAMAP鳥瞰図

地形表現とその周辺 その19

地形凸凹を紙以外の媒体に表現した例

アジア航測株式会社
火山防災課　荒井健一

はじめに

街をブラブラ歩きながら，地形の面白さを紹介するテレビ番組が人気です。古地図や高度段彩図などを手にしてブラブラ歩く。地元の人が気にもとめない地形の凸凹を前にして，コレは城下町の名残だ，アレは断層が作った直線的地形だなどと楽しげに議論しています。地形を楽しめる人が増えることは，土砂災害のおそれのある場所等を理解できる人が増えることにつながります。地形の凸凹に興味を持ってもらうために，いろいろな方法で地形凸凹を世に出していきましょう。ここではその一例を紹介します。

手品のようにポケットから地形を

野外学習，登山ツアーなど，屋外で多くの人を相手にさりげなく地形を紹介するには，テント生地（ターポリン等）や薄手の布素材（トロマット等）に印刷した凸凹地図が便利です（図-1，図-2）。印刷屋さんで1枚から作ってくれます。小さく折りたたんで，ポケットからサッと取り出すと，同行者から「オッ」とか「わぁ」と感嘆の声が漏れることうけ合いです。推理小説好きならば，目の前に広がる地形の連続性や特異点などを地図と見比べて，自分でアレコレ推理したくなることでしょう。専門家の解説を聞いたり調べたりして理解を深めると，今度は凸凹の理由を誰かにしゃべりたくなるはずです。

手を動かし，においも感じながら

家の台所にあるような身近な材料を使って，現象を簡略化して理解する科学実験，「キッチン科学」という世界があります。米村でんじろうさんの貢献もあり，大きな書店には参考書籍が何冊も並ぶようになりました。

高解像度数値地形データが取得できるようになって地形模型も高精度になってきました。手で触れて地形を感じ，巨人になったつもりで擬似泥流を流してみる。「あ～っ，家がやられた。丘だから大丈夫だと思ったのに」と子どもから高齢者まで真剣に観察します。流したあとで，同じ地域のハザードマップと比べてもらい，地形の凸凹が泥流影響に関係していることを理解してもらいます（図-3）。

3Dプリンタで火山の立体模型を作ることも簡単にな

図-1　たたんで持ち運べる布製地図
　　　（所有：ホールアース自然学校，学校教育等に活用）

図-2　登山中の汗もふけるタオル生地の地図
　　　（国土交通省阿賀川河川事務所が主催した勉強会で配布）

りました。標高データをマイナスで入力すると立体火山の型ができます。型にゼラチンを注いで固めるとゼリー火山を作ることもできます(図-4)。

高さ強調せずに見せ方で勝負

地形に興味を持つ人の気をひくものとして，遠目から俯瞰した美しい観光地図等もあります。しかし，地形凸凹の成り立ちを正しく理解するには，高さ強調していないものやオルソ画像のものが望ましいと考えます。地球規模の地図で考えるならば，地球儀に張り付けた地図が望ましいといえます(図-5)。森の中の地形凸凹を考えるには，衛星画像とDEMによる地形を見比べられると楽しさが増します。北海道の洞爺湖町が作成した衛星写真着脱式の通称：着せ替えマップ(図-6)は，湖の底の地形まで見えるように工夫しています。自分たちの暮らしている土地に新たな発見がないかを地図で探そうという楽しい試みが始まっています。

おわりに

地形表現に触れる機会が増えてくれば，いろいろな地形を見てみたいという要望が増えてくると期待しています。これからも引き続き，地形の凸凹ファンを増やしていくためにアレコレ試してみようと思います。楽しいアイデア，気づきを生む表現方法をぜひ教えてください。

参考文献
林信太郎(2006)世界一おいしい火山の本 ―チョコやココアで噴火実験―. pp127. 小峰書店.

図-3 赤色立体地図を正確に印刷した精密立体地形模型上を擬似泥流が流下中
(写真は有珠山模型)

図-4 火山の型を作りゼラチンを注いでゼリー火山を作成中(写真は御嶽山型)

図-5 赤色立体地球儀

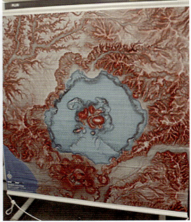

図-6 オルソ画像と赤色立体地図を磁石で着脱できる着せ替えマップ
(所有：洞爺湖町)

地形表現とその周辺 その20

地形可視化表現と砂防・治山分野への活用

朝日航洋株式会社
東京空情支社 技術センター　小林　浩

1. はじめに

　我が国は，集中豪雨などによって大規模な土砂災害の被害を毎年のように受けており，土砂災害から国民の生命・財産を守る施策の一つとして国や都道府県による砂防・治山事業が進められています。

　砂防・治山事業を進める上では，土石流なら流域，急傾斜地なら斜面，地すべりなら地すべりブロックの地形や荒廃状況を適切に把握し，事業計画に反映させることが重要です。近年，航空レーザ測量による1mメッシュなどの高解像度デジタル地形モデル(以下精密DEMと称す)の整備が進んできており，砂防・治山事業においても精密DEMが活用されてきつつあります。しかしまだまだ等高線図としての利用にとどまっている例が多く，DEMの特徴を生かした地形特性の数値化手法や立体可視化表現が提案されています。本稿では，昨年8月に発生した広島市の土石流災害を例に精密DEMの活用の一例をご紹介したいと思います。

2. 崩壊源や土砂の流下経路の状況把握

　図-1は災害後に実施した航空レーザ測量による1mDEMから作成した，立体可視化図，「陰陽図」[1]の一部です。立体可視化図の作成手法はさまざまありますが，「陰陽図」は斜面の微地形の強調に適しており，本図のような地域では表層崩壊や谷底の侵食状況を把握するのに適しています。図-1の①，②，④では深さ約1mの表層崩壊が表現されていますが，③では深さ約2mのガリーの函型の断面が①などと比較すると相対的に深い溝状に表現されています。また⑤に示すような尾根上の小

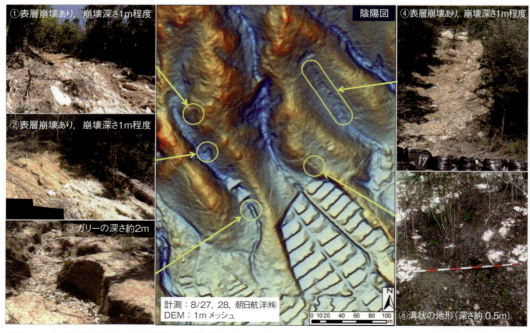

図-1　立体可視化図と現地状況の対比(「陰陽図」:朝日航洋㈱特許　第4379264号，写真は筆者撮影)

規模な溝状地形(深さ約0.5m)は，①などと比較して浅い溝として表現されています。このように本手法では，微地形の平面的な形状はもちろんのこと，立体的な形状についてもその相対的な大小の比較も含めてとらえられることがわかります。

一般的に土砂災害時の土砂移動(崩壊から流下，堆積まで)の状況の把握手法としては，災害前の航空レーザ測量による精密DEMと災害後のそれとの変動量算出によるものが知られています。しかし災害後の測量データだけからでも，精密DEMを立体可視化図にして判読することによって，比較的平易にその情報を最大限に引き出すことができます。

3. 土砂堆積域(土石流の氾濫域など)の状況把握

山麓部の土石流の氾濫状況は，空中写真判読や既存図を用いた現地踏査でも面的に把握することはできます。ところでそのようにして判読調査された図-3に示す「地理院地図」判読結果図(国土地理院による土石流の流下・氾濫状況判読図)と図-2に示す精密DEMより作成した地盤の傾斜区分図とを比較すると，土石流の氾濫範囲は，図の中央から右上の渓流では10〜15°の領域(水色の範囲)まで，図の左下の渓流では3〜10°の領域(緑色の範囲)まで及んでいることが読み取れます。

ところで図-2, 3を見ると，斜面の傾斜が10°を上回る範囲にも大規模な住宅地が立地していることが読み取れます。傾斜が10°以上の範囲は，土石流が発生して流下してきた場合には，一般的に土砂は止まらずに大きなエネルギーを持ったまま流下してゆく可能性がある範囲(流送域)と言われており，これらの住宅地はもともと土石流による被害を受けやすい土地に立地していたと言えます。

一方，図-2, 3からは図の北東側の渓流と南西側の渓流では土石流の氾濫域の下流への広がりが異なっています。これは渓流の流域の地質の違いによる土石流のふるまいの違いによるのではないか，と考えられています[2]が，傾斜区分図と土石流の氾濫範囲を重ね合わせることで，そのような考察のきっかけを得ることができます。

以上のように，精密DEMの一表現手法である傾斜区分図は，砂防・治山事業においては非常に有益です。

4. まとめ

土砂災害の原因である土砂の移動現象は，地形の形態的な特性と大きく関係しています。精密DEMを用いて，立体可視化図や傾斜区分図など着目したい地形の特性を際立たせた表現をすることで，土砂災害に関わるさまざまな有用な情報を引き出し，今後の砂防・治山事業に一層役立ててゆくことが期待されます。

参考文献
1) 秋山幸秀(2014):「陰陽図による地形表現」，月刊『測量』，2014.9.
2) 小林 浩(2015):「広島市の地形の成り立ちと土砂災害リスク」，平成26年広島大規模土砂災害調査団報告会配布資料，(一社)日本応用地質学会.

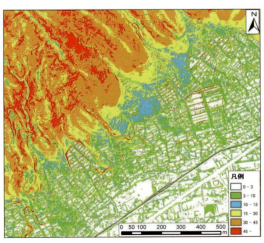

図-2 傾斜区分図(地盤の傾斜分布)

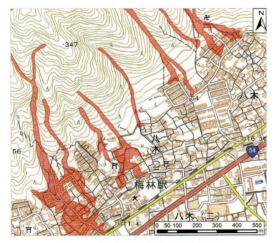

図-3 「地理院地図」判読結果図

(図-2においては道路及び軌道は基盤地図情報基本項目データを使用しました。図-3においては地理院地図画像並びに「広島市内—写真判読図(8/28・30・31垂直写真)」を使用しました。)

地形表現とその周辺 その21

点群処理による屋内空間表現

芝浦工業大学
中川雅史

レーザースキャニングや空撮などで得た点群で地形を表現する際には，点群をそのまま可視化するだけでもリアルな表現ができます。一方で，点群で屋内空間を表現しようとすると，リアルな表現はできますが，隣の部屋や屋外空間が透けて見えてしまうといった透過効果が目立ってきます。ビデオカメラで撮影したような映像を点群から生成したり，BIMソフトで3Dモデリングしたりするうえで，透過効果問題を自動的に解決する手法を適用することがとても有効です。この手法に関する事例を紹介します。

今回紹介する事例は，芝浦工業大学・豊洲キャンパス内において，エレベータを用いた階層移動を含むルートでIndoor MMSで点群を取得し，その可視化処理を行った実験です。点群の取得には，Trimble's Indoor Mobile Mapping System（TIMMS，ニコン・トリンブル）（図-1）を用いました。TIMMSは，レーザースキャナ，全方向カメラ，IMU，車輪エンコーダで構成されるもので，進行方向と直交する断面をレーザースキャニングしながら移動することで屋内空間の点群を得られる計測システムです。また，レーザースキャニングと同時に全方向カメラで得られる色情報を点群に付与することで，色付きの点群を得ることができます。

図-2は，取得した点群を任意視点からパノラマ投影した結果の一部です。点群の透過効果によって，赤い椅子の裏側や，壁の背後にある隣部屋が透けて見えていることがわかります。また，MMS（進行方向と直交する断面をレーザースキャニングしながら移動することで点群を得る計測方法）で得た点群の大きな特徴は，スキャンライン上の点密度が高く，スキャンライン間には隙間ができることです。これらの特徴から，縦縞状に透過効果が発生してしまい，屋内環境をとても把握しづらいという課題があります。

この課題に対しては，実際の空間で見える点群のみを抽出することで，だいぶ改善されます。その結果が図-3です。このような結果を得るアプローチには，①3D空間上で点群を範囲指定する方法，②メッシュを生成して可視領域を指定する方法，③建築図面などの事前知識を用いる方法，などがあります。しかし，①では膨大な手作業が発生する，②では処理時間がかかる前処理が必要である，③では建築図面をなかなか入手できないという課題があります。そのため，本実験では，領域拡張法を基本アイデアとした点群処理を適用することで，メッシュ生成の方法よりもだいぶ高速な処理で「実際の空間で見える点群の抽出」を実現しています。

さらに，図-3において欠損している箇所を穴埋めした結果が図-4です。この図を見ていただければ，図-2や図-3と比べて，ビデオカメラで撮影したような映像により近づいていることがわかると思います。さらに，点群上でのCAD編集（トレース作業）が容易になることは想像しやすいでしょう。このような処理は，地上設置型レーザースキャナやMMSなどで得られる点群に対しても適用できることを確認しています。

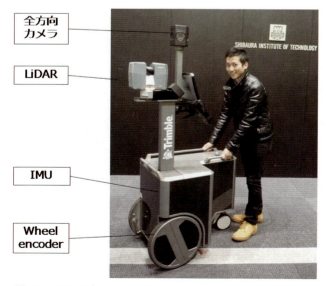

図-1　Trimble's Indoor Mobile Mapping System (TIMMS)

図-2 点群をそのまま可視化した結果(赤い椅子の裏側や,壁の背後にある隣部屋が透けて見える)

図-3 任意視点から可視な領域上にある点群のみを可視化した結果

図-4 穴埋めした点群の可視化結果

地形表現とその周辺 その22

高精細な航空レーザの陰陽図表現と山城縄張調査への活用

公益社団法人 日本測量協会　瀬戸島政博
朝日航洋株式会社　秋山　幸秀
国際航業株式会社　本田　謙一

1. はじめに

中世あるいは戦国時代の山城跡は，その遺構の保存がよいものであっても，鬱蒼とした森林内に削平地や空堀，堀切，土塁，石垣などが残存しているのみで，建物は残っていません。それらの遺構の構成から往時の山城の姿を知ることができます。こうした山城の平面的な構成が「縄張」です。森林に覆われた山城の縄張を知る一手法として航空レーザと地形表現が大変有効です。

ここでは，八王子城跡（東京都八王子市）について，ヘリ搭載レーザによる高精細データ（50点／m^2を主体に，一部固定翼搭載レーザデータ（20点／m^2）を加えた地形データを用いて，陰陽図表現を施し，山城の縄張調査に活用した事例を紹介します。

2. 八王子城跡とその縄張の全貌

八王子城跡の全貌を図-1に示します。

八王子城は，相模小田原に本拠を置く北条氏（後北条氏）の支城で北条氏照（三代氏康の三男）が築いた山城です。戦国期も終わり頃に築城したようです。天正18(1590)年に豊臣秀吉の小田原征伐の際，同年6月23日払暁，濃霧をついて大手口から前田利家，搦手口から上杉景勝らの大軍に攻められ，短時間に落城しました。深沢山（標高445m）の山頂部に構築された曲輪群から構成された要害

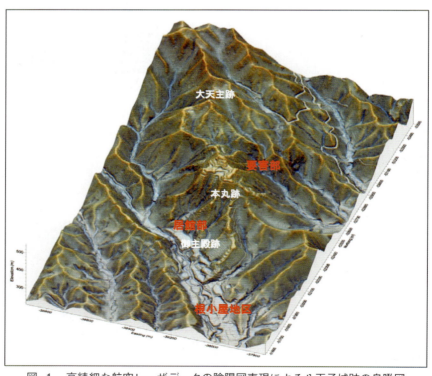

図-1　高精細な航空レーザデータの陰陽図表現による八王子城跡の鳥瞰図

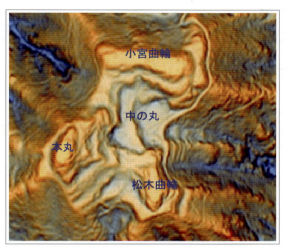

図-2 本丸跡と各曲輪の構成

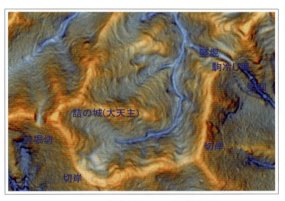

図-3 本丸跡周辺の防禦施設

部，山麓の御主殿などの居館部，城下町にあたる根小屋地区からなる巨大な山城であることが分かります（図-1）。

3．要害部の縄張を見る

図-2のように本丸跡周辺には数多くの腰曲輪や帯曲輪が存在しているのが分かります。本丸跡は平地があまり広くなく，大きな建物はなかったことが想像できます。本丸跡から約20m下には南東側に松木曲輪（二の丸），北側に小宮曲輪（三の丸），その間を繋ぐ中の丸から構成された縄張です。各曲輪の周縁には幅の狭い腰曲輪や帯状の帯曲輪が多数識別できます。また，これらの要害部への侵入を防禦するために，図-3に示すような連続した尾根上を断ち切った堀切（図上の駒冷し場，大堀切）や竪堀（たてぼり）が設けられ，容易に本丸や各曲輪に敵兵が侵入できない様子が窺えます。とくに，大堀切は八王子城の最後の砦となる詰めの城（大天主と呼称）で，大規模な堀切であったことが想像できます。さらに，陰陽図表現では尾根部に設けられた切岸（人工による急崖）などの存在もよく読み取れます。

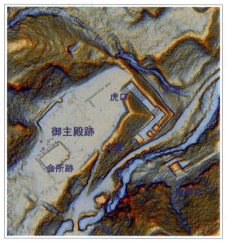

図-4 御主殿跡とその構成

4．居館部の縄張を見る

図-4のように，御主殿は北条氏照の居館跡で本丸跡の南東側200m下った地区にあります。南北約60m，東西約100mの長方形の曲輪です。東側および南側を土塁と石垣で囲み，北東隅には枡形虎口が設けられていたことが分かります。御主殿跡には建物跡（会所），水路跡，庭園状遺構などが発掘されています。

5．おわりに

一般的に，山城の縄張図の多くは，現地踏査等で得た各遺構の分布を入手可能な都市計画図などに平面表示されています。個々の残存遺構の存在等を知るには有効な情報となりますが，基図となる地形図が森林被覆下の微地形を忠実に表現できているかという課題があります。今回紹介しました高精細な航空レーザデータとその陰陽図表現からは，山城縄張を構成する様々な遺構を読み解くことが比較的容易になります。

今後，既存の山城縄張図を更新していく一手法として，その適用性を検討したいと考えています。

参考文献

1) 秋山幸秀（2014）：「陰陽図による地形表現」，月刊『測量』，2014.9，pp.24～25
2) 瀬戸島・秋山・本田（2015.1）：「高精細な航空レーザ画像から戦国の山城空間をみる，一戦国の終わりを告げた八王子城，月刊『地理』，60-1，pp.1～10

地形表現とその周辺 その23

軍艦島―近代化産業遺産の可視化表現

㈱計測リサーチコンサルタント
西村正三

1. はじめに

　軍艦島（正式名称は端島）は海底炭鉱の島として最盛期には5,200人が暮らし石炭産業で日本の近代化を支えてきましたが、1974年に閉山となり無人島となりました。そして2015年7月「明治日本の産業革命遺産」として世界文化遺産に登録されました。筆者は、これまで3DレーザやUAV（無人飛行機）など光学的計測手法を用いて軍艦島を詳細に3Dモデル化して、崩壊の過程をモニタリングしてきました。一方「軍艦島」への上陸・周遊ツアーを行っている「軍艦島コンシェルジュ（社長・久遠龍史）」は、天候不順などで海が荒れて上陸できない観光客のために「軍艦島デジタルミュージアム」を計画、そのうち筆者らは、3Dモデルを用いたコンテンツの企画、制作を担当しましたのでその概要を紹介します。

2. 3Dモデルの構築

　2015年9月のミュージアムオープンにあわせ、6月に新たに2機のUAVで空撮を行い、最新の画像解析手法であるSfM（Structure from Motion）技術を用いて、軍艦島の今を約2,000枚の画像を用いて軍艦島全体の3Dモデルで構築しました。図-1は、見学者が自在にマウスで「マッピング表示」「TIN表示」など切り替えながら、軍艦島全体の3Dモデルを閲覧している状況です。図-2は、SfMで3Dモデルを作成するために、20m前後の距離からUAVで撮影した煉瓦構造物（第三竪坑捲座跡）の一例です。

3. 3Dモデルの精度とプロジェクション・マッピング

　ミュージアムは、横30m×高さ2.0mの壁面に十数台のプロジェクターを同期させ、約1mm/pixelの解像度で映像の投影が可能な施設です。図-2に示した高さ8mの煉瓦構造物の3Dモデルを、高さ2.0mの壁面に、プロジェクション・マッピングで表現し、そして3m離れた位置から鑑賞したとき、その破損状況までをきちんと確認できるためには、どの程度の解像度で構造物を撮影する必要があるかを予め検討しておく必要があります。すなわ

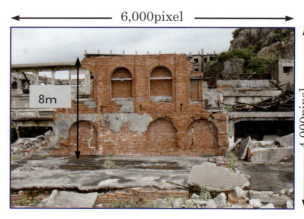

図-1　軍艦島3Dモデルの閲覧状況
（マウスであらゆる視点から3Dモデルを閲覧）

図-2　煉瓦構造物（第三竪坑捲座跡）
UAVで撮影した画像　α6000（f：19mm）

ちUAVと対象までの撮影距離，搭載カメラの選定は，図-3に示す手順で行いました。人の目の分解能を0.1mm（30cm離れ時）と仮定すると，3mの位置では，およそ1mmを判読できます。先述したように壁面でのプロジェクターの解像度は1mm/pixelであり，高さ8mの煉瓦造を高さ2.0mの壁面に投影したとき，4mm/pixelの解像度以上の画像を取得する必要があります。そこで4mm/pixelの解像度を満足させるためUAVにSony－α6000（焦点距離19mm）を搭載し，約19m離れた位置から連続的に撮影を行うこととしました。

4．プロジェクション・マッピングにおける再現性

煉瓦構造物の3Dモデルを図-4に，図-5に実際のプロジェクション・マッピングの状況を示しています。画像からは，煉瓦の組み積み，亀裂の状況，仕上げのモルタルの残存状況まできちんと確認でき，モニタリングにも十分活用可能なことが分かります。大画面でのプロジェクション・マッピングは，通常のPC表示には無い，没入感や臨場感及び再現性においてより有効です。そのほか平面，側面のオルソ画像，30号棟，ドルシックナー，それに屋根が大きく倒壊した小中学校を詳細に表現しています。このようにUAVで定期的に上空から撮影を行うことで，地上からでは見ることができない，軍艦島の崩壊過程を正確にモニタリングでき，今後の保存管理への活用も期待されます。その他第四竪坑付近には，現在でも坑口付近の施設が残存し，当時の姿を偲ぶことができます。そこで今回3Dモデル化したデータを用い，当時の第四竪坑をCGで復元しました。今後古写真や調査で明らかになったことを復元CG等で再現し，現在見ることができない産炭の一連のシステムについて紹介していく予定です。

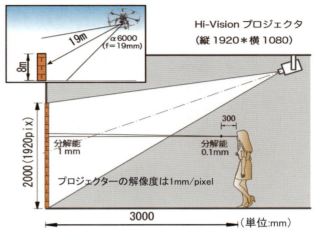

図-3　プロジェクション・マッピング投影計画

図-4　煉瓦構造物の3Dモデル

図-5　プロジェクション・マッピングの状況　（縮尺1/2表示）

参考：（1）SfMは，多視点で撮影した画像内の特徴点から共通点を逐次判別し，カメラの3次元位置を特定することで少ない基準点からでも対象構造物の表面形状をリアルな高密度データとして取得できる技術．
　　　（2）捲座とは竪坑櫓に設置された滑車を通して人や採掘した石炭を入れた籠を昇降させるワイヤーロープを巻き上げるための「巻き上げ機」が設置してある施設．
　　　（3）http://detail.chiebukuro.yahoo.co.jp/qa/question_detail/q1210680417
　　　（4）軍艦島デジタルミュージアム公式HP（http://gdm.nagasaki.jp/）
　　　（5）http://www.krcnet.co.jp/topics/topics90.html

地形表現とその周辺 その24

近代造園構造物の計測への活用

東京農業大学 地域環境科学部 造園科学科准教授

粟野　隆

1. はじめに

　造園史の分野では，コンクリートやモルタルといった近代以降の造園材料を取り入れて意匠的な造作を特色とした造園空間が，文化遺産として学術的な価値が認められつつあり，文化財としても保存の対象になりつつあります。

　近年では，宮内大臣を務めた田中光顕の古谿荘（静岡県富士市）のコンクリート造モルタル塗りの白糸の滝を含む庭園部分が建造物とともに重要文化財に指定され，池泉護岸や飛石園路にモルタルを塗着した擬石を用いた温山荘庭園（和歌山県海南市），浄水場の施設配置プランと一体化した庭園にコンクリート造の噴水池を配した末浄水場園地（石川県金沢市）が国の名勝に指定されました。

　歴史的な庭園・公園の文化財としての価値の立証のためには，地割と意匠を把握するために測量が基本となります。従来はトータルステーションを用いた測量が行われていましたが，最近は3次元測量が主流になってきました。その理由は，対象となる造園空間は広域になりがちで，従来の方法では長期の現地滞在を必要とし，空中写真測量だと地物の殆どが大きく成長した高木類によって隠れてしまうことで手間が増えます。他方3次元測量は効率的かつ広範囲に高木の樹冠下の庭園地物を計測できる点で有利だからです。

　本稿では，筆者が國井洋一氏（東京農業大学准教授）のご協力と大阪市天王寺動植物園事務所のご配慮を得て実施した，天王寺動物園旧猿ヶ島（大阪府大阪市）の3次元測量事例を紹介します。

2. 近代動物園の猿山・猿ヶ島—独特の形状をもつ構造物

　近代動物園のシンボルといえば猿山（猿ヶ島）です。わが国最初の猿山は，昭和6年に完成した上野動物園のも

図-1　天王寺動物園旧猿ヶ島全景（杉本和樹氏撮影）

のです。東京市公園課の井下清と相川要一，左官師・松村重の手によって作られたものです。天王寺動物園は昭和9年に誕生したわが国2番目の猿ヶ島で，設計は大阪市初代公園課長・椎原兵市，施工は芦屋の造園技術者・小林観山，左官師の石田政一でした。椎原は粘土や石膏の模型を作って詳細なデザインを検討し，鉄骨筋で骨組みをこしらえ，ラス張りモルタル塗りと進めて色モルタルで仕上げました。

椎原らによる猿ヶ島は，屹立する峰を群立させ，猿が登ったり駆け下りたりするために階段状のステップを施し，洞窟やトンネルを随所に組み込んだもので，鏝や箆で岩肌の表面調整を施すという，造形的には極めて独特で複雑な形状をなすものです。

天王寺動物園は平成27年で開園100周年を迎え，リニューアル工事にともなってこの猿ヶ島は失われることとなります。そのため，近代造園家として著名な椎原兵市の業績を後世に伝えるためにも，この猿ヶ島の測量を行うことに決したのです。

現地作業は2015年7月初頭，授業演習のない合間を縫った3日間。繁茂した実生樹を伐採し，レーザスキャナで測量します。國井准教授と学生たちに猿ヶ島の凹凸のデータがどれくらい細かく取得できるのかを聞き，限られた日数のなかで計測が終えられるかどうか，猿ヶ島とレーザスキャナと時計を睨みながら檻のなかで過ごしました。

調査後に学生たちが整理したデータを見せてもらい，そのあまりにも精緻なデータに驚かされました。猿ヶ島の峰や洞窟，岩肌の複雑な様子から細かな擬岩の地模様に至るまで，その本質的な姿が克明に記録されていたからです。従来の庭園測量の方法ではこうはいきません。あらためて3次元測量の威力を実感しました。

3．おわりに

近代の造園構造物に限らず，歴史的な造園空間の調査全般には，今後も3次元測量がますます頼りにされることは間違いないでしょう。自然石を組み上げた滝石組，景色になるように微妙な地形的変化を持たせた築山，小石を技巧的に畳んだ延段など，小仕事による造作が造園空間にはふんだんにあるからです。

今後は，全国各地で行われている歴史的造園空間の測量に関して，各地の文化財関係者や造園史研究者と測量の専門家とが，手段や目的に応じてどのように連携できるか，その情報交換が行える場が必要になるのではと感じています。

図-2　3次元測量による天王寺動物園旧猿ヶ島(1)
　　　國井洋一氏提供

図-3　3次元測量による天王寺動物園旧猿ヶ島(2)
　　　國井洋一氏提供

地形表現とその周辺 その25

地中を覗く―遺跡の物理探査

独立行政法人　国立文化財機構　奈良文化財研究所
金田明大

1. はじめに

　未知の宇宙，深く静かな深海，存在することは想像できても，簡単にはわからない，そんな世界に憧れたり，想いを馳せることはありませんか？　自分の五感で直接感じられないものへの好奇心をお持ちの方も多いのではないでしょうか。土の中もそんな場所のひとつです。私も子供の頃，近所の畑を友人達と掘り返してよく遊びました。まさか，大人になってからも続けているとはその頃は予想もしませんでしたが……。

　地中を見たい，そんな希望に応えるひとつの方法は土をはがして，地下を直接目で観察することです。そう，発掘です。私の専門の考古学だけでなく，地質学，土壌学や古環境学，近年では断層の調査も話題になりました。ボーリングも同様，直接的にサンプルを取り出す方法として有効でしょう。

　しかし，直接的な観察はどこでもできるわけではありません。人手や予算もかかります。深い部分はより困難です。そして，一度掘ると，土の性質が変化してしまい，二度と元には戻りません。発掘をするにしても，あてずっぽうに掘り下げるより，前もって地下を予想し，計画的に調査することが望ましいことはいうまでもありません。では，直接目で見るのではなく，土の中を伝わることが可能なナニカ，を使い地中を探れないだろうか。その技術を物理探査と呼んでいます。

2. 探査のいろいろ

　土の中を伝わるナニカ，は様々なものがあります。例えば，土の上にドン，と衝撃を与えます。振動は弱くなりながら土中を伝わりますが，土が硬い部分では速く，柔らかい部分ではゆっくりと伝わります。このような違いから地中の様子を予測するのが地震探査です。

　電気も通ります。電気抵抗の値は電気が通りやすい部分で低く，通りにくい部分で高くなります。電気（比抵抗）探査です。

　電磁波も通ります。土中に電磁波を発信し，地層の境などの反射をとらえることで地中を知る地中レーダー探査や，電磁波を与えることによって土中の物質が生み出す二次磁場を計測する電磁探査などの方法があります。

　地中に存在する物質や空洞が生み出す違いを測ることで地中を予測することもできます。磁性を持った鉄などの金属や高温で熱せられた土によっておきるわずかな磁気異常を計測する磁気探査や，空洞などによる重力の異常を調べる重力探査などがあります。

図-1　レーダー探査風景

図-2　電気探査風景

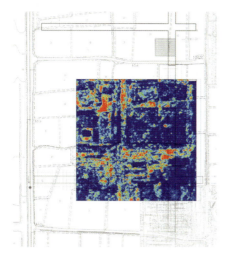

図-3 平城宮東方官衙地中レーダー探査成果

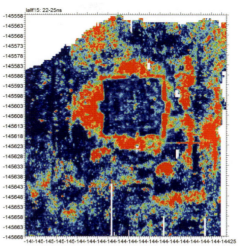

図-4 東大寺東塔院地中レーダー探査成果

これらの技術は地質や地形の研究だけでなく，実世界では資源開発や施設の管理など，多方面で利用が進んでいます。

3．考古学での応用

私たちは考古学の遺跡でこれらの探査方法を用いることによって，遺跡の情報を取得したり，発掘調査や遺跡保存の指針を立てることを目的に研究を進めています。

平城宮東方官衙では，地中レーダーを用いて広範囲の探査を行い，それを基に発掘を行いました。事前の想定通り，古代の役所の建物や塀，門といった施設の存在を明らかにすることができました。

東大寺東塔院では，塔の基壇および塔の周辺の探査によって，塔基壇部分が良好に残存していることや，文献に記載されている門や回廊など周辺施設の存在を予想することができました。成果を基に計画し，実施した発掘調査により，平家による焼き討ちの後，鎌倉時代に再建された塔の実態が明らかになりつつあります。

岐阜県可児市の志野焼の窯では，磁気探査と地中レーダーによって窯の形状を明らかにし，地元の教育委員会によって発掘調査が行われました。この結果，陶器を生産した窯が斜面の中に残存していることが明らかになりました。

4．今後の課題

地形や地質について日々考えている方や，文化財の保護や研究をしている者としては，これらの探査技術は極めて魅力的な技術です。しかし，まだまだ課題も多いこ

とも事実です。

文化財に関して言えば，最大の問題は，地中の異常部の把握と，歴史を考える上で必要となる情報が少し異なることです。過去の人々の活動の痕跡の可能性のある地中の異常部分を指摘することは可能ですが，その年代や埋没している過去の道具などの情報は，やはり直接的に対象を取り出すことが可能な発掘調査には敵いません。他の分野でも有効性と限界を見ることができるでしょう。

また，技術の有効性の認識が進んでいないのが現状です。年間2万2千件以上の発掘が日本国内で実施されていることを考えると，探査の利用は極めて少ない件数にとどまっています。

それぞれの方法の利点を考えながら，利用を模索，拡大していく必要を日々感じています。

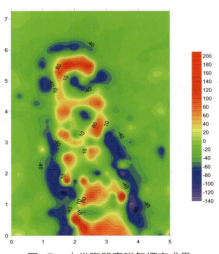

図-5 中世陶器窯磁気探査成果

地形表現とその周辺 その26

地貌図(ちぼうず)で見る北海道の地形

株式会社シン技術コンサル

齋藤　健一

1. 地貌図とは

　近年，レーザ測量や写真から3次元モデルを生成するSfM(Structure from Motion)等の技術の進歩により，微小な起伏を表現する高密度な標高データを容易に入手できるようになりました。この微小な起伏を表現する方法は，「赤色立体地図」，「陰陽図」，「ELSAMAP」等が代表的ですが，その他の表現方法として「地貌図(ちぼうず)」というものがあります。

　「地貌図」とは，地形を表現する上での要素である「標高」，「傾斜」，「比標高」といった，点情報，近傍演算情報，広域演算情報の3要素を組み合わせた主題図です。なお，「比標高」とは図-1に示すような，やや広い範囲での地形の起伏特性を表現しています。

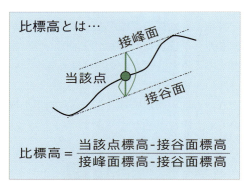

図-1　比標高の定義

2. 地貌図の特徴

　地貌図は以下の計算式で示すように，地形表現の3要素を用いた積の対数をとった「地貌指数」という数値を基に表現されます。

地貌指数 = log {箇所標高 × tan(箇所傾斜) × 比標高}

　図-2に，一部の島嶼を除いた北海道の標高を表現した陰影図と地貌指数を表現した地貌図を示します。同じ地形でも，地図表現の方法によって地形の見え方が大きく異なることが分かります。

　この地貌図によって表現される地形は，本来の地形形態を誇張した「疑似地形」として表現され，全体の地形の中で通常の等高線や陰影図では表現しにくい微地形を鮮明に描きます。図-3は北海道の駒ヶ岳周辺の地図と地貌図です。駒ヶ岳は1640年に大規模な山体崩壊が発生し，大量の土砂が直下の噴火湾に流れ込んで大津波を発生させました。鹿部飛行場周辺を拡大した従来の地図(図-3上段)では，部分的な等高線の巻き込みが見られるだけで，凸部が確認できる詳細な読図は不可能です。しかし，地貌図(図-3下段)では，当時の山体崩壊による岩体がはっきりと確認できます。

3. 地貌図の公開

　国土地理院の基盤地図情報数値標高モデル(5mメッシュおよび10mメッシュ)から作成した北海道内の地貌図が，以下のウェブサイトに公開されています。

　http://shin-eng.info/chibouzu/index.html
　↑　地貌図デモサイト(北海道のみ公開)

　この地貌図デモサイトでは，地理院地図，国立研究開発法人 産業技術総合研究所のシームレス地質図，国立研究開発法人 防災科学技術研究所の地すべり地形分布図，そして北海道の地すべり地形分布図とも重ね合わせて表示することが可能です。

4. 地貌図の活用

　地貌図と地すべり地形分布図を重ね合わせて表示することで，地貌図の色合いから地すべりの輪郭や頭部の滑落崖等を簡便に確認できることが分かります。そのため，地貌図は土砂災害の危険性を評価するハザードマップに活用されております。

　地貌図デモサイトに掲載している地貌図(現在は北海道内のみ公開)は，無料で使用可能なロイヤリティーフリーですので，ぜひ，読者の皆様自身でご活用ください。

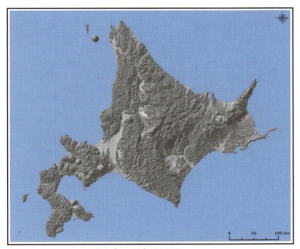
標高（陰影図）

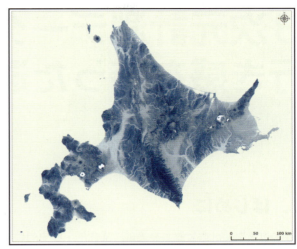
地 貌 図

図-2　地形表現の違い　陰影図と地貌図

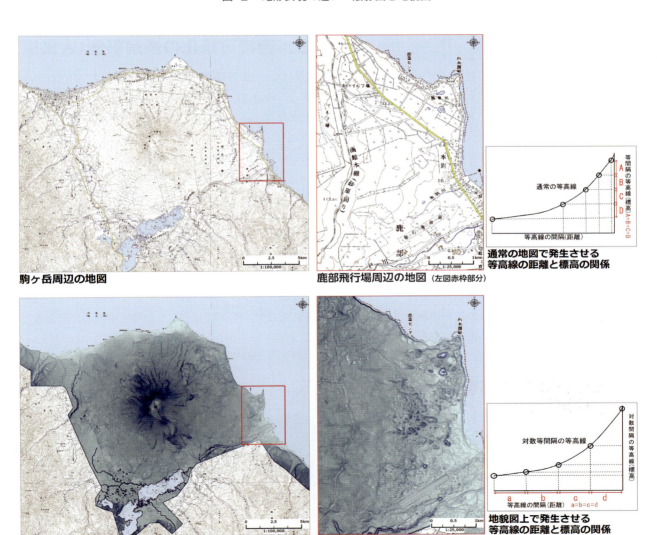
図-3　火山地形における地形表現の違い

地形表現とその周辺 その27

3次元計測データのための正しい奥行き感を持った透視可視化

立命館大学　情報理工学部
田中　覚

1. はじめに

近年の3次元計測装置の発達は，文化的・歴史的に重要な3次元建物の精密な電子的記録を可能にした。3次元計測で得られるデータは，3次元点群，すなわちポイントクラウドである。大規模遺跡の計測などでは，しばしば，数千万点から数億点の大規模ポイントクラウドが得られる。また，建造物の外側と内側を別々に計測してデータを合成すれば，建物全体の3次元構造を記録するポイントクラウドも作れる。しかし，建物全体を一目で見るには透視可視化が必須である。

大規模ポイントクラウドの透視可視化は，これまで2つの方法で行われていた。第1の方法は，ポイントクラウドの各点を結んでポリゴンメッシュを作成し，これにアルファブレンディングという3次元CGの手法を適用するというものである。しかし，計測ノイズの影響で自動的なポリゴン化が困難なことが多く，大変な手作業が必要になる。また，大規模データのアルファブレンディングには長い計算時間を要する。第2の方法は，ポイントクラウドの各点をそのまま半透明な円盤などで描くというものである。しかし，各点の色を単純に混ぜ合わせて半透明画像を生成するだけのため，奥行き感が得られない。

2. 正しい奥行き感を持った透視可視化

そこで我々は，最近，ポイントクラウドの各点をそのまま使いながら，正しい奥行き感を実現する透視可視化法を開発した。正しい奥行き感とは，透視によって建物の内部を覗いた際に「目の近くにあるものほど明瞭に見える」というものである。仮に建物が半透明なプラスチックなどで作られていたら，正にそのように見えるであろう。この現実の状況を再現するには，「視点に近いものから発せられた光ほど目に到達する確率が高い」ということをシミュレーションによって実現すればよい。手法の詳細は，2016年7月にチェコ・プラハで開かれた3次元計測に関する国際会議 ISPRS Congress 2016 で発表された（https://www.isprs-ann-photogramm-remote-sens-spatial-inf-sci.net/III-5/73/2016/）。

3. 透視可視化の適用事例（古民家）

我々は，滋賀県の栗東歴史民俗博物館（http://www.city.ritto.shiga.jp/hakubutsukan）の御協力を得て，同館が保存する，幕末から明治初期に建てられた古民家「旧中島家」（図-1の写真）の3次元レーザ計測を行った。建物の外側から6回と各部屋の内部で1回ずつ計測を行い，各データを統合して2100万点のポイントクラウドを作成した。図-1のような写真は写実的な記録には適しているが，内部の立体構造は表せない。一方，前述の我々の方法で透視可視化を行った図-2では，内部の部屋割りなどが明瞭に視認できる。図-2では屋根の部分が透明に近いが，これは，計測器が地上に設置されていたため，屋根の取得点数（点密度）が小さかったからである。そこで，人工的に点を追加して屋根の部分を他と同

図-1　古民家「旧中島家」（栗東歴史民俗博物館所蔵）の写真

じ透明度にしたのが図-3である。点密度の部分的な調整により、透視の見え方を様々にコントロールできる。次に、図-4(a)は、同じ古民家の内部にある土かまど（どへっつい）（http://www.city.ritto.shiga.jp/hakubutsukan/sub375.html）の透視可視化である。こちらは、3次元写真計測でポイントクラウドを取得した。図-4(b)は、これに半透明な「視覚ガイド」としての3次元格子を重ねたものである。

4．おわりに

透視可視化は、3次元計測データの可視化法としては、あまり用いられてこなかった。それは描画速度や奥行き感が不十分だったからである。しかし、計測技術の発達に伴って計測データが巨大かつ複雑になればなるほど、全体を俯瞰できる透視可視化は有用になる。地形の3次元計測データでも事情は同様であろう。

最後に、3次元計測に御協力いただいた栗東歴史民俗博物館の皆様に感謝いたします。土かまどの3次元計測は、同博物館の「旧中島家住宅かまど再生事業」の中で行ったものです。本研究は、岡本篤志氏（大手前大学）、長谷川恭子氏（立命館大学）、王晟氏（立命館大学）および田中の研究室の学生との共同研究です。

図-2　図-1の古民家の透視画像

図-3　屋根の部分の不透明度を人工的に大きくした透視画像

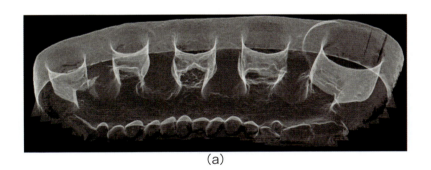

(a)

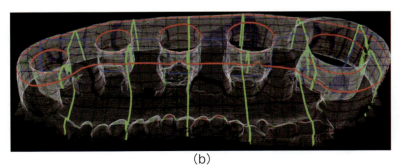

(b)

図-4　古民家内の土カマド（どへっつい）の透視画像

地形表現とその周辺 その28

3D点群データによる第二海堡の海底から地上までの地形表現

株式会社パスコ
津口　雅彦・林　大貴

1．はじめに

東京湾にある第二海堡（だいにかいほ）は，明治時代に建設された人工島である。現代においても海の安全を守る重要な国の港湾施設である。国は現在i-Constructionで「ICT技術の全面的な活用」，「規格の標準化」，「施工時期の平準化」等の施策を建設現場で推進しており，それに該当する一例と考える。

既存の測量船による第二海堡付近のスワス測深の成果とさらに，UAVによる空中写真撮影及び海岸部付近の地上レーザ計測を実施した点群成果をもとに，3Dで見える化した第二海堡の地形について周辺の水中及び海岸部付近の陸上地形を合成した表現事例を紹介する。

2．データの取得

3次元点群へ合成して3D見える化を行うため，標定点を合計52点設置した。海底地形は過年度業務で実施された深浅測量で取得されたスワス測深器データを3次元点群モデルデータで使用した。また，2015年3月13日に，UAVによる計測による対象区域の空中写真撮影，地上レーザ測量は，2015年1月23日から6日間，干潮時に第二海堡海岸部を含む地形計測を距離精度3mm（50m以下）で行った。UAVによる計測による対象区域の空中写真撮影では，撮影高度40m，地上解像度2.4mm～12mmで設定し，撮影枚数は344枚となった。説明対象は下部の第二海堡オルソ写真の□印箇所とした。

3．画像について

図-1に，UAV撮影した第二海堡の3次元モデルを示す。海上部分は3次元モデルが作成できないことがわかる。

図-2に，UAVによる第二海堡の陸上部点群データの地形を示す。色付き点群で示した第二海堡の一部が示されていることがわかる。また，海上部分は点群が乱れており正確に表現されていることがわかる。

図-3に，第二海堡の陸上部地上レーザ点群データを示す。鋼材デッキの下部はUAVによる撮影では把握できない。干潮時には渚が出現するためレーザ計測を実施した。

図-4に，2種類の計測機器で取得した点群データの合成図を示す。特に，赤色で示すスワス測深器の水中地形表現と地上レーザ点群データ地形を用いることで，第二海堡の水中および陸上の地形を表現することができている。

図-5に，3種類の計測機器で取得した点群データの合成図を示す。赤いライン上の部分について断面図の計測を実施した。

図-6に，3種類の計測機器で取得した点群データの断面図を示す。断面図の成果から見て，海底地形と鋼材デッキの下部の地上レーザの渚部分地形及び海上から見える側壁面を同時に表示するこができ，データ取得が困難な現場では有効である。

4．おわりに

多様な機器を用いたデータ取得による3D地形表現による，現場でのICT技術はますます必要とされている。今後もいろいろな方面で活用されることを期待する。

謝辞

国土交通省関東地方整備局東京湾口航路事務所より資料の使用許可を頂いたことをお礼申し上げます。

図-1　第二海堡のUAV撮影3次元モデル

図-2　UAVによる第二海堡の陸上部点群データ
撮影日：2015年3月13日

図-3　第二海堡の陸上部地上レーザ点群データ
矢印は鋼材デッキの下部で干潮時には渚が出現する
計測日：2015年1月23日から6日間

図-4　地上レーザとスワス測深器データの合成点群データ

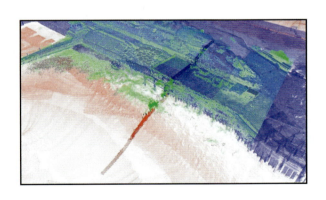

■ 地上レーザ測量データ　■ UAV点群データ　■ スワス測深器データ

図-5　3種類のセンサーで取得した点群データの合成図
赤いライン上の部分について断面図の表示を実施した。

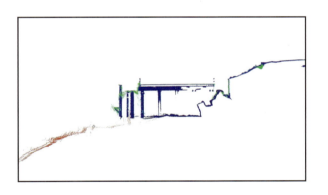

■ 地上レーザ測量データ　■ UAV点群データ　■ スワス測深器データ

図-6　3種類のセンサーで取得した点群データの断面図

地形表現とその周辺　その29

空中写真に代わるレーザ林相図を用いた植生分布の可視化

アジア航測株式会社　国土保全コンサルタント事業部　森林・農業ソリューション技術部　計測・情報解析課

大野勝正

1. はじめに

　国土の約7割が森林である日本にとって，気候変動問題や地域産業振興に大きく寄与する森林資源の活用は重要なテーマである。森林資源を効果的に活用する上で植生分布図は基礎情報として必須であるが，植生分布図の作成に一般的に用いられる空中写真には以下のような課題がある。

　①植生域の色調が緑色系の一色で植生分類しづらい

　②谷部など陰の影響で植生の識別が困難

　このような植生分類の課題を解決するため，レーザ計測データのみを用いて植生分類に有効なレーザ林相図（特許第5592855号）という表現手法を開発した。

2. レーザ林相図の作成方法と特徴

　植生の分類には植生の色調，樹冠の形状，樹高などが重要な識別要素となるため，レーザ林相図もレーザ計測のデータから同様な情報を読み取れるようにした。レーザ林相図の構成要素は以下の3点である。

　①レーザ計測データの反射強度

　②樹冠高データ（樹冠表層標高データと地盤標高データとの差分データ）

　③地上開度（樹冠高データより作成され，周囲の樹冠高データと中心の高さの関係を角度で表現したデータ。周囲の方が低い場合に大きい値となり，周囲の方が高い場合に小さい値となる。）

　レーザ計測に用いられるレーザの波長は1,064nmや1,550nmの赤外波長であることから，植生から反射したレーザパルスの反射強度データは植生の識別に有効と考えられる。また，樹冠高データにより新植地や2次林などの区別が可能で，地上開度により樹冠の形状が把握できる。それぞれの構成要素を図-1に示す。

　上記の構成要素を合成し，色付けした結果がレーザ林相図である。レーザ林相図と空中写真の比較を図-2に示す。レーザ林相図には以下の特徴がある。

　①空中写真に比べて色調豊かで植生の識別が容易

　②太陽光の影響を受けないため，空中写真では陰になる箇所も植生の情報を表現できる

　計測時期（展葉期，成熟期，紅（黄）葉期，落葉期）により植生の葉の状況が異なり，色調も異なるが，同一時期の計測データであれば，同一植生は同様の色調で表現でき，色調の再現性が高いのもレーザ林相図の特徴である。

3. レーザ林相図の活用

　レーザ林相図の上記の特徴から目視判読による植生分類の作業の効率化だけでなく，空中写真では困難であった自動分類の可能性が広がることも考えられる。これまでの検討から7～8割の精度で植生分類できることが明らかになってきたため，精度向上を図り実務レベルで活用して更なる効率化に結び付けることが今後の課題である。

　また，タブレットやスマートフォンにデータを表示させ，GNSSと連動して森林調査などに活用することで現地調査の簡略化が図れる。現地調査では植生の分布状況と自身の位置を確定させ，目的の調査データを取得することが重要であるが，図-3に示すように既存のGIS情報と併せて調査することで現地で調査箇所の妥当性をすぐに確認できるようになる。

　近年バイオマス発電など森林資源の活用が広く求められているため，広大な森林資源を効率的に把握する手法は今後も研究が進むと考えられる。航空レーザ計測の反射強度データの活用は始まったばかりで，その知見は多くない。そのため，反射強度の利用を前提とした計測手法について今後検討が必要になると考える。

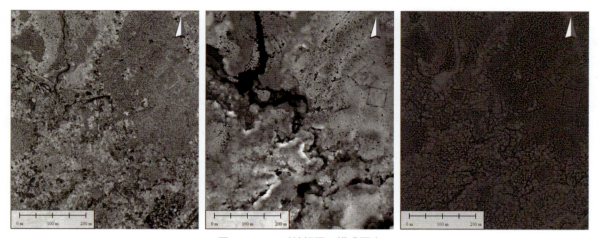

図-1 レーザ林相図の構成要素
（左図：反射強度画像，中図：樹冠高画像，右図：地上開度画像）

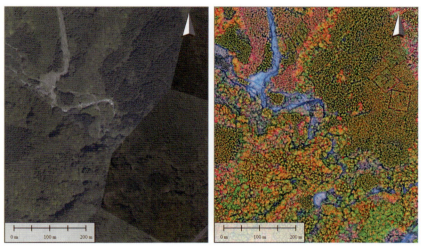

図-2 空中写真とレーザ林相図

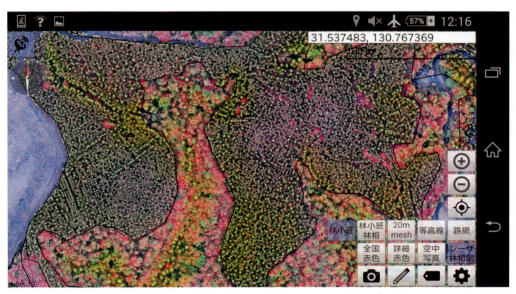

図-3 現地調査でのレーザ林相図の利用タブレット・スマートフォン用アプリ（「Forest Track」で表示）

地形表現とその周辺 その30

稜等高線図

朝日航洋株式会社　西日本空情支社　電力技術部　測量G

西村　洋崇

1．はじめに

　近年，航空レーザ測量などの発達により，大量の3次元座標を一定の精度で短期間に取得することが可能となり，それらの高さの情報を詳細に表現する「赤色立体図」や「陰陽図」などの立体的な図面表現に触れる機会も増えました。これらの表現手法は，見た目のインパクトも大きく，感覚的に地形を把握できる特徴を持つと考えられます。その一方で，依然として航空レーザ測量の成果品には，等高線図が含まれることが多く，その需要の背景には，視覚的に標高数値を取得できる絶対性や，オルソ写真や樹種分類などの地形以外の情報でも，視認性を損なわずに重ね合わせて表現できる汎用性が挙げられます。しかし，等高線から尾根や谷を正しく判読し，地形形状を把握するには訓練が必要です。そこで筆者らは，等高線図の利点を持ちながら，地形形状を判読しやすい「稜等高線図（特許第5402499号）」を考案しました。

2．稜等高線

　稜等高線図の作成原理そのものは単純で，地形の凹部の等高線を太くすることで，平面的な等高線図に影のような視覚効果を与え，立体的な表現を可能にしています。具体的には，地形の3次元座標データを格子状に整え，一定範囲における平均値とその差分を用いて凹部を判定します。凹部の差分値を閾値でいくつかに分割し，差分値が大きい箇所ほど太い等高線を作成します。このときに平均値を取得する範囲や差分値の閾値を調整することで，大縮尺での微地形判読や小縮尺での概略地形の把握などの，利用目的に適した表現を選択することも可能で

す。この等高線図は，線の太さの違いによって凹稜と凸稜が区別された等高線という意味を込めて「稜等高線」と呼ぶこととしました。なお，稜等高線では，凹部の等高線を凸部よりも太くするため，従来の等高線のように計曲線と主曲線を太さの違いで表現することはありません。

　従来の等高線図と稜等高線図を比較して，稜等高線の効果を確認したいと思います。図1では尾根と谷が複雑に入り混じる地形を表しています。従来の等高線では尾根と谷の判読が非常にむずかしいですが，稜等高線では尾根筋や谷筋を判読しやすくなっています。

　図2は林道を南北に含んだ地形を表現しています。従来の等高線では林道がわかりにくいですが，稜等高線では，林道の山側の凹部が強調されていることから，すぐに林道の存在に気づくことができます。

　図3では従来の等高線では変化の少ない斜面が図示されていますが，稜等高線の立体効果により，小さな尾根と谷が連続した斜面であることが判読できます。

3．おわりに

　稜等高線は，従来の等高線の利点に加えて，これまでの等高線図では確認できなかったような地形の凹凸を強調して視覚化することができます。稜等高線図を用いることで，熟練者はこれまで以上に微細な地形形状を判読でき，等高線を見慣れていない初心者でも尾根や谷の情報を間違えることなく図面から判読できると思います。

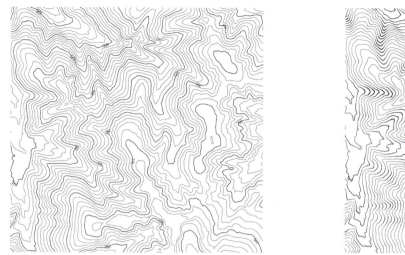

図-1　尾根と谷の判別事例(左：従来の等高線，右：稜等高線)

図-2　林道の判別事例(左：従来の等高線，右：稜等高線)

図-3　小規模な尾根と谷の連続(左：従来の等高線，右：稜等高線)

地形表現とその周辺 その31

DEM（数値標高モデル）を利用した斜面地形分類～似た形の斜面を色分けする～

国土地理院　地理地殻活動研究センター
岩橋　純子

1. はじめに

　地形分類図とは，類似した地形的特徴を示す範囲を線引きした図である。一般的な地形分類は，主に写真判読と現地調査により，地形の形態に加えて成因・構成物質・形成時期の違いを推定し，どのようなプロセスで地形が形成されたかを明らかにするために分類を行うが，DEM（Digital Elevation Model）を用いた斜面地形分類は，斜面地形を定量的・機械的に分析することを目的とするものであり，全く異なるものである。近年のDEMを用いた斜面地形分類研究は，大縮尺では統一した定量的基準で単位斜面を分割することや斜面形から表土層厚を推定する試み，中・小縮尺では斜面地形と地質や土壌・地盤強度等との関連付けを狙う方向に収斂しつつある。

　なお格子点の標高データを用いた地形分類は，GISどころか汎用PCも存在しなかった1960-70年代から試行されており，特に東西冷戦時代は米軍による定量的な地形分類研究が盛んであった（おそらく兵站を意識）。1980年代に汎用PCが普及し始めて自然科学分野での研究が盛んになり，特にGISが普及した2000年代以降は多くの研究が行われている。

2. 地形量と分類

　DEMを利用した斜面地形分類は，地形に関する定量的指標（以下，地形量と記載）をパラメータとして行われる。一般的には，ある標高点を中心とした矩形領域について地形量が求められ，それを全標高点について行い出力を得る。数値地形解析分野では，行列演算による一

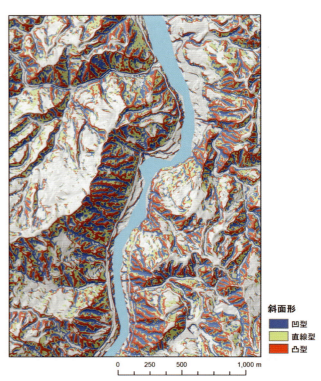

図-2　2mDEMを用いた傾斜と凹凸による斜面形の分類図
航空レーザ測量の2mDEMを用い，斜面形を傾斜と凹凸で簡便に区分した例（30度以上の斜面のみ，徳島県三好市）。DEMの解像度が斜面サイズと比較して非常に小さいため，集水等の地形プロセスの評価に鑑み，凹凸を通常の3×3（6m四方）ではなく13×13のウィンドウサイズで求めている。

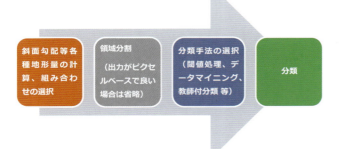

図-1　DEMを用いた斜面地形分類の流れ

図-3 5mDEMを用いた傾斜・凸部密度・尾根谷密度による斜面形の分類図
航空レーザ測量の5mDEMを用い，傾斜・凸部密度・尾根谷密度の3つのパラメータの組み合わせによって斜面を8区分した例（高知県いの町・大川村・土佐町）。パラメータの合成画像からオブジェクトベースの領域分割によってポリゴンを作成。ポリゴン内の各パラメータの平均値について，それぞれ全体の平均値より上か下かで区分けし，その組み合わせから8区分している。地すべり地形分布図（防災科学技術研究所）を重畳。

次差分や二次差分から求める地形量（斜面勾配，曲率），領域内の統計値により求める地形量（起伏量，尾根谷密度など），その他の指標から求める地形量（地上開度など）等，様々な地形量が考案されている。そのうち斜面勾配や曲率のような一般的なものは，汎用のGISソフトにコマンドとして実装されている。なお，DEMの解像度や地形量計算のためのウィンドウサイズは，細かければ良いわけではなく，対象とする地形の大きさに応じたサイズ，あるいは斜面を代表する地形量が適切に求められるサイズのデータが必要である。

　パラメータの組み合わせを選び，分類手法を選ぶことによって，地形分類図が作成される。近年，動画の圧縮などコンピュータビジョンの分野からオブジェクトベースの領域分割（画像中の類似した色調の領域を大くくりにする技術）が出てきて，リモートセンシングの分野，例えば写真画像を使った樹種の分類などに盛んに使われるようになっている。これを地形量の画像に用いることによって，従来，人工改変等のノイズが勝ってピクセルベースでは分類が難しかった大縮尺でも，ノイズを包摂する形で似た地形量の領域を区分できる。また，分類手法としては，PCの処理速度の向上で，閾値処理だけでなくデータマイニングによる分類も可能となった。なお，ハードウェアの点でまだまだ汎用ではないが，ディープラーニングのような人工知能による分類も将来的にはありうると考えられる。

　DEMを用いた斜面地形分類の一般的な流れをまとめると図-1のようになる。図-2・3は航空レーザ測量のDEMを用いた地形分類例である。

地形表現とその周辺　その32

航空レーザ測量を活用した「肥前名護屋城のCG作成―バーチャル名護屋城プロジェクト―」

佐賀県立名護屋城博物館　学芸課長
松尾　法博

420年前の天下人の城をCGで再現！！

　佐賀県立名護屋城博物館は，国内でも極めて貴重な歴史遺産である名護屋城跡，大名陣屋跡などの保存整備・活用を進めている。その一環で，現地を訪れた方々に，当時の城や城下町の様子を精密なCG（コンピュータグラフィックス）でリアルに感じていただくためのスマートフォン・タブレット版アプリ「VR名護屋城」の運用を開始した。

　このアプリは，GPS取得による位置情報に合わせて，城のエリアや大名陣屋（堀秀治陣と豊臣秀保陣），城下町（茜屋町）など，360°の風景が画面に再現されるビューポイントを58カ所設定。当館貸し出しのタブレットをご利用いただくか，個人所有のスマートフォンやタブレット端末にこのアプリをダウンロードしていただくことで，現地を歩きながら，高精細CGで再現された420年前の名護屋城を体感できる。黄金の茶室内部や草庵茶室内部，天守閣最上階からの360°の眺め（昼景・夕景）なども見ることができ，当時の風景がリアルタイムに表現される。

　佐賀県立名護屋城博物館では，このアプリが本県の文化資源を身近に，分かりやすくご理解いただくとともに，県内外に向けた当地域のアピールにも極めて有効なツールになると考えている。このアプリはiPhone端末の方は「App Store」から，Android端末の方は「Google play」から，それぞれダウンロードできる。

航空レーザ測量の活用とオープンデータ化

　平成26年度に「バーチャル名護屋城事業」の中で，新たに特別史跡「名護屋城跡」の航空レーザ測量を実施し，さらに佐賀県（森林整備課）が保有していた既存の航空レーザ測量の成果（1mメッシュデータ）をも活用して，肥前名護屋城の復元CGを作成した。

　地上の起伏など地形データについては，航空レーザ計測のデータを活用した。航空レーザ計測では，樹木があっても葉の隙間から地上で反射したレーザ光を用いるため，航空写真より詳細正確な地形測量ができる。航空レーザ計測作業（中日本航空株式会社）におけるレーザ発射回数は15万発/秒の設定で実施し，名護屋城一帯0.42km^{2}の範囲において，約2,300万点（地面・樹木や建物屋根等に当たった点の総数）の点群データを取得・活用した。今回，新たに特別史跡「名護屋城跡」周辺の25cmメッシュのデータを作成するに当たり，25cm四方で3.5点（3点以上）の点を取得した。これらの詳細情報とデータ処理の都合から1mメッシュ情報の両方を活用して地形モデルを作成し，その上に復元建物等をCGで再現した。

　なお，今回計測したデータを既存の成果と統合したメッシュデータについては，現在，名護屋城博物館のHPで公開している。

〈佐賀県立名護屋城博物館ホームページ〉

http://saga-museum.jp/nagoya/nagoya-castle/virtual.html

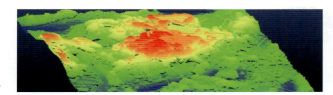
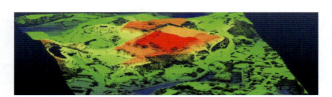
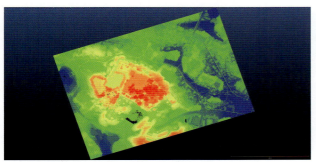
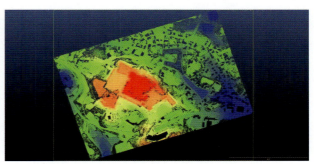

「オリジナルデータ」
上空から発射したレーザが検出した，樹木，建物，地面等すべてを含んだ点群で，「1m四方にたくさん点がある」状態。

「メッシュデータ」
オリジナルデータから，地面だけを抽出し（グラウンドデータ），1m四方に1つの標高値が定義されている状態に加工したもので「1m四方に1つのデータしかない」状態。

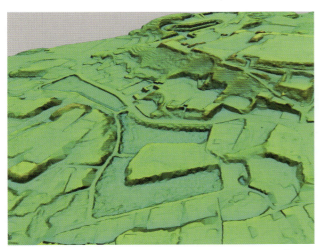

グラウンドデータから，地形を特定する1点を抽出した「メッシュデータ」（又は「グリッドデータ」）を作成し，地形を再現している。

肥前名護屋城天守閣と本丸御殿CG
CG：設計・監修は西和夫・アルセッド建築研究所

城下町から見た天守閣CG
CG：設計・監修は西和夫・アルセッド建築研究所

資料提供：佐賀県立名護屋城博物館

地形表現とその周辺 その33

英彦山の聖域空間を捉えた
レーザー実測調査

福岡県 添田町役場
岩本 教之

1．はじめに

　英彦山は，福岡県の東南端に位置し，福岡及び北九州都市部から50km圏で，南側は大分県と接する。

　山頂域は1199.6mの南岳を頂点に英彦山神宮御本殿が建つ中岳，北岳の三峰からなる。山頂から眺望すると南に阿蘇山，久住山などの山々を望むことができる。山域は凡そ東西4km，南北3km，総面積1177.2haにも及ぶ日本有数の壮大な山岳霊場遺跡である。(図-2)

　添田町では平成24・25年度に英彦山の領域と遺跡構成を明確にするため，主要部の門前参道から山頂部を中心として東西3km×南北2.5kmの範囲で，総面積6.9km²のレーザー地形測量調査を実施した。これと連動して英彦山の歴史的範囲を明確にすることを目的として「彦山小形」の三次元計測調査を実施し，比較を行った。

2．英彦山レーザー測量図と「彦山小形」の空間構成の比較

　英彦山航空レーザー測量調査の成果としては，これまで容易には把握することのできなかった山域森林の中に，多くの遺構面を確認することができたことである。特に門前域では645面以上の宿坊，堂舎跡が建っていた平坦面が構成されていることが分かり，江戸時代中期に坊中500軒，庵室80軒とされた近世英彦山修験集落の構成が完全に近い形で残っていることが判明した。また，江戸時代末まで存続していた250軒の山伏坊屋敷地のほぼ全てをレーザー測量図上にプロットすることができた。(図-1)

　一方，「彦山小形」は，英彦山神宮の社伝によると，400年前の元和2年(1616)年に再建された英彦山大講堂(奉幣殿)の余財をもって作成したという国内最古級の立体地形模型で，一辺1.33m四方に英彦山神領域を彫出している。(図-3)

　この「彦山小形」の3次元実測調査を行い，英彦山の航空レーザー測量データとの比較から英彦山境内域の範囲とその特徴を抽出し分析した。(図-4)

　「彦山小形」をレーザー実測して観察すると，境内から下の門前は他部分よりも大きく空間取りが行われ，しかも集落構成を緻密に彫出し，真直ぐに延びる参道筋と並行して北側に下谷筋，南側に西谷筋，南谷筋など道線で区画された門前坊家谷集落(上霊仙谷，中尾谷，西谷，中谷，下谷，南谷，五ツ谷)と山中坊家谷集落(玉屋谷，智室谷，別所谷)，座主御本坊，半聖半俗集落(北坂本・南坂本)などを配置している。その構成は実空間の道線，水域，地割と合致しており，対比するとその再現性が極めて高いことがわかる。

　この模型は神体山「英彦山」の聖域空間を密教教理に基づく方形区画に嵌め込み，マンダラ空間として創出したものと捉えることができる。

3．まとめ―英彦山の聖域空間

　今回の実測調査では，「彦山小形」の形状から原位置を割り出し，ベクトル線分を修正して，英彦山の現地形に整合させた。そのことから「彦山小形」に秘められた英彦山の聖域観を捉えることができた。その結果，形状的に山頂域などの重要なものほど大きく，高く表現し，行場要所は近くに引き寄せ，英彦山の聖域を圧縮し，絵図などでは表現できない山頂を頂点とした「英彦山十方世界」を表出していることが理解できた。そしてその範囲が，ほぼ3里(12km)という範囲に収まることが判明し，この範囲が近世の英彦山の神領域であることが明らかとなった。

　さらに歴史資料との照合により，江戸時代中期の英彦山文書中にある東西3里，南北3里余という数値の範囲に符合することが判明し，江戸期の「英彦山」が護り抜いた聖域の範囲を把握することができた。その後，藩政改

革などにより幕末までに多くの境界山域が失われ，東西2里（約7.8km），南北2里半(9.8km)へと寺領が縮小され，明治維新の宗教政策によって英彦山修験道の終焉へと向かっていったことが認知できた。

このようにレーザー測量によって，古代から現在まで累積された英彦山の史跡構造を明確に把握できるようになった意義は大きい。今後，さらに分析を行い，英彦山の歴史的空間把握への活用を進め，新たな研究指針が構築されることを期待したい。

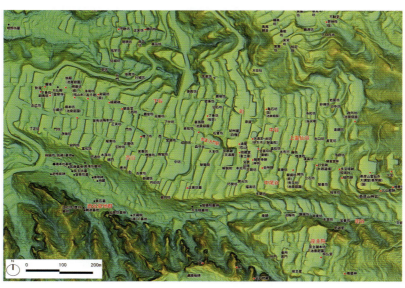

図-1　英彦山レーザー測量図（英彦山門前部分）

図-2　英彦山遠景（北側から）

図-3　彦山小形

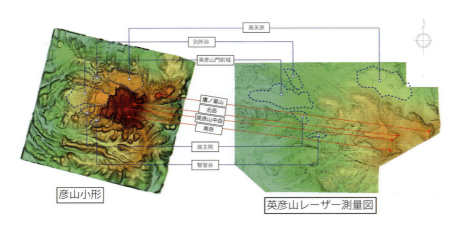

図-4　彦山小形・実空間対比図

地形表現とその周辺 その34

アナログな地形表現
—つくばの科学館にあるジオラマ—

産業技術総合研究所
岩男　弘毅

地形図は，土地の形状および地表面上に分布する自然・人工物などの状況を地図縮尺の限度内でできるだけ正確かつ網羅的に表示した地図を指します（測量学事典，日本測量協会）。連載企画「地形表現とその周辺」では，3Dプリンター関連，あるいは立体模型を取り上げた記事等もありますが，これまでどちらかというとデジタルデータをPCの画面上でどう表現するかに着目した記事が多かったかと思います。たしかにPC上では拡張現実さえも表現することができますが，いわゆるジオラマといわれる現実世界をアナログで再現するという従来式のスタイルも忘れてはならない地形表現方法のひとつです。今回は少し視点を変えてつくばにある国土（国土地理院の地図と測量の科学館），宇宙（筑波宇宙センターの展示館[スペースドーム]），地質（産業技術総合研究所の地質標本館）の展示の中で地形をどのように表現しているか取り上げてみたいと思います。

地図と測量の科学館

なんといっても圧巻は正面玄関を入ってすぐの吹き抜けフロアにひろがる，「日本列島空中散歩マップ」です。専用の赤青メガネで見ると，日本列島を立体的に見ることができます。10万分の1（1mが100km）の縮尺です。普段見ている地図帳では決して味わえない日本の大きさ，地形の複雑さを体感できるようになっています。さらに，中庭「地球ひろば」には直径約22m，高さ約2mの「日本列島球体模型」があり，20万分の1地勢図を見ることができます。この上に立って見下ろす日本列島は，高度約300kmの上空から見下ろした地表に相当するもので，地球の丸さや日本の領域の広さなどを体感できます。日本，地球の大きさを実感できる稀有な展示施設です。もちろんデジタル表現の例として，地理院地図3Dのデータから作成した立体模型に，プロジェクションマッピング技術を用いた標準地図，空中写真などの情報の投影を行った展示などもあります。

JAXA　筑波宇宙センター　展示館「スペースドーム」

入り口を入るとこちらも同じく地球儀ドリームポート

図-1　日本列島空中散歩マップ
出典：国土地理院ウェブサイト
(http://www.gsi.go.jp/MUSEUM/p03.html)

図-2　地球ひろば全景
出典：国土地理院ウェブサイト
(http://www.gsi.go.jp/MUSEUM/p08.html)

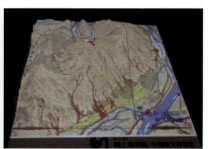

図-3　プロジェクションマッピング
国土地理院ウェブサイト(http://www.gsi.go.jp/chugoku/projec_map.html)のプロジェクションマッピング紹介画像から一部抜粋

図-4　地球儀ドリームマップ

図-5　オービタルビジョン

図-6　月球儀

が目に入ります。地球儀上に，人工衛星や国際宇宙ステーションを同縮尺の高さのところに展示してあるのが特徴的です。宇宙ステーションが地球のすぐ近くを飛んでいることを実感できるかと思います。ドリームポートの裏手には，オービタルビジョンという大型床面映像で，人工衛星などの宇宙空間での動きをリアルに紹介しています。このほか「かぐや」が観測したデータを基に作成した，月球儀の模型などの展示もあります。

産業技術総合研究所　地質標本館

地上や宇宙を表現するのに対して，地面の中を表現するという点で，上記の施設とは趣が異なります。エントランス奥には現在，「はぎ取り」と呼ばれる地層標本が展示されています。特別な接着剤を使用して地層の表面を"はぎ取った"地層標本は，過去の地震やそれに伴う津波の堆積といった，その場所の歴史を紐解く重要な資料です。2階の第3展示室には富士・箱根火山の地質立体模型があります。地表部の火山岩の分布に加えて，両火山とも火山内部の様子を断面図として見ることができます。このほか，関東地域の地層の断面図などを立体的に展示してあります。普段目に見えない地面の下を立体的にわかりやすく体感できる施設です。

今回紹介した展示施設についての詳細は以下のウェブサイトをご確認ください。

地図と測量の科学館
　http://www.gsi.go.jp/MUSEUM/index.html
JAXA　筑波宇宙センター　展示館「スペースドーム」
　http://fanfun.jaxa.jp/visit/tsukuba/museum_j.html
産業技術総合研究所　地質標本館
　https://www.gsj.jp/Muse/index.html

開館日時がそれぞれ異なりますから，まずは事前にご確認ください。なお，つくばサイエンスツアーバスを使うとTXつくば駅からバスでこれらの施設を回ることが可能です。

　http://www.i-step.org/tour/bustour/

図-7　糸魚川—静岡構造線で採取したはぎ取り標本

図-8　富士・箱根火山の地質立体模型
出典：産総研地質調査総合センターウェブサイト
（https://www.gsj.jp/Muse/exhibition/floor.html）

図-9　関東平野の地質立体模型

あ と が き

　土地の開発計画や、構造物の設計、環境保全や災害防止の手段を考察するには、まず地図が不可欠となるでしょう。これまでの2万5千分1などの地形図を読解するには、ある程度地形判読の素養が必要でした。しかし、近年の測量技術の進歩と、地図表現の技術の進歩で、20年前には考えられないようなビジュアルな地形表現が続々と生まれてきている現状があります。地形学の知識がなくても地形のイメージが把握することが驚くほど容易になりました。

　測量・地図界の最新の技術トレンドにアンテナを張っている月刊『測量』では、日本大学の佐田達典教授に編集委員長を担当していただいていた平成25年に「地形表現とその周辺」という連載企画を立ち上げることになりました。2カ月に1回の編集委員会で意見を寄せ合い平成26（2014）年3月から平成28（2016）年12月まで、34回にわたって連載してきました。担当委員は平成24（2012）年から平成29（2017）年まで編集委員に参画していただきました中野一也氏（朝日航洋（株））にお願いしました。

　航空測量会社や地図会社、国の機関、各研究機関で発表されている最新の「地形表現」とその応用の連載は、この時点での表現技術の獲得地点を見渡す意味で貴重な連載となりました。各社・各分野の第一線の方々による寄稿は、スペースが限られているところに分かりやすい解説を工夫していただきました。おかげで短時間で要点を理解できる絶好の企画となりました。

　日本測量協会は、この連載がこのまま読み切り記事として流れ去るのは惜しいと考えて、執筆各氏の了解を得て別冊化を企画し、この度出版することができました。快諾いただきました執筆者各位には、厚くお礼申し上げます。

　測量・地図界で身を立てていこうという方にはぜひ読んでもらいたい1冊になりました。とりわけて、高校・大学・専門学校の本棚には備えていただき、若者に手に取ってもらい将来を考える選択肢の一つになれば幸いです。

平成29（2017）年12月

日本測量協会 刊行部長　浦郷武夫

執 筆 者 一 覧 ＜五十音順・敬称略＞

秋山　幸秀	朝日航洋(株)	千田　良道	中日本航空(株)
朝比奈利廣	(株)パスコ	高橋　宏樹	北海道地図(株)
荒井　健一	アジア航測(株)	田中　覚	立命館大学
粟野　隆	東京農業大学	千葉　達朗	アジア航測(株)
石川　剛	(株)東京地図研究社	津口　雅彦	(株)パスコ
井上　誠	(有)地球情報・技術研究所	中川　俊	国土地理院
岩男　弘毅	産業技術総合研究所	中川　雅史	芝浦工業大学
岩橋　純子	国土地理院	中野　一也	朝日航洋(株)
岩本　教之	添田町役場	西村　正三	(株)計測リサーチコンサルタント
上嶋　泰史	(株)U's Factory	西村　洋崇	朝日航洋(株)
大野　勝正	アジア航測(株)	林　大貴	(株)パスコ
金田　明大	奈良文化財研究所	本田　謙一	国際航業(株)
企画部	国土地理院	本間　信一	国際航業(株)
小林　浩	朝日航洋(株)	松尾　法博	佐賀県立名護屋城博物館
齋藤　健一	(株)シン技術コンサル	向山　栄	国際航業(株)
鈴木　敬子	(株)東京地図研究社	八島　邦夫	(一財)日本水路協会
鈴木　英夫	朝日航洋(株)	安江　茂隆	(株)中央ジオマチックス
瀬戸島政博	日本測量協会		

月刊『測量』別冊
地形表現とその周辺

2018年　1月28日　初版　©

定　価　　　（本体　1300円　＋　税）

企画・編集　　月刊『測量』編集委員会

発　行　　　公益社団法人　日本測量協会
　　　　　　〒113-0001
　　　　　　東京都文京区白山　1-33-18　白山NTビル4階
　　　　　　電話　03 (5684) 3354
　　　　　　http://www.jsurvey.jp

印　刷　所　　勝美印刷株式会社

ISBN　978-4-88941-105-8